... **Títulos relacionados**

HOTR0109 OPERACIONES BÁSICAS DE PASTELERÍA

[DISPONIBLE CERTIFICADO COMPLETO]

Solicítalos en:
- Librería
- www.paraninfo.es
- Solicitudes nacionales +34 914 463 350
- Solicitudes fuera de España +34 913 308 907, +34 913 308 919

Aprovisionamiento interno en pastelería

Tomás Mayordomo Feliu
Asier Mazorriaga Rama
Raquel Doménech González

Paraninfo

© 2024 Ediciones Paraninfo, S. A.
© 2024 Tomás Mayordomo Feliu, Asier Mazorriaga Rama y Raquel Doménech González

Maquetación: Ediciones Nobel, S. A.

Impresión: Liberdigital (Casarrubuelos, Madrid)

ISBN: 978-84-283-6643-4
Depósito legal: M-19769-2024

Impreso en España

Índice

Introducción normativa

La Ley Orgánica 3/2022, de 31 de marzo, de ordenación e integración de la Formación Profesional, contiene una disposición derogatoria única que afecta a la regulación de los certificados de profesionalidad, ahora denominados **Certificados Profesionales**. La referida normativa deroga la Ley Orgánica 5/2002, de 19 de junio, de las Cualificaciones y de la Formación Profesional, y abre un escenario de cambios que se irán implementando progresivamente.

La Ley Orgánica 3/2022, de 31 de marzo, de ordenación e integración de la Formación Profesional implica que toda la formación es acumulable. La oferta formativa se estructura de forma escalonada, siendo los Certificados Profesionales un nivel intermedio (Grado C) de una escala que va desde el Grado A hasta el E.

En los artículos 35 a 38 de la Ley 3/2022 se describe en qué consisten estos Certificados Profesionales: su oferta, formación asociada, estructura, duración, acceso, titulación y validez. Posteriormente, esta normativa se completa con lo dispuesto en el Real Decreto 659/2023, de 18 de julio, que desarrolla la ordenación del sistema de Formación Profesional. Concretamente en los artículos 67 a 81 es donde se hace referencia a la oferta formativa de Grado C, correspondiente a los Certificados Profesionales.

Están agrupados en 26 familias profesionales con características comunes del sector. En la actualidad hay más de medio millar de Certificados Profesionales incluidos en el Repertorio Nacional. Esta cifra no deja de crecer. Además, cada certificado está específicamente regulado por un real decreto.

Un Certificado Profesional corresponde al Grado C de la oferta del Sistema de Formación Profesional. Es un documento oficial, con validez en todo el territorio nacional y debe constar en el Catálogo Nacional de Ofertas de Formación Profesional, que certifica la capacitación para el desarrollo de una actividad profesional.

Debe detallar los módulos profesionales superados y los estándares de competencia profesional asociados a él e incluidos en el **Catálogo Nacional de Estándares de Competencias Profesionales**, así como su correspondencia con el Marco Español de Cualificaciones.

Despliegan su validez en un doble ámbito, laboral y académico:

- En el contexto laboral tienen validez profesional, porque acreditan las competencias en una determinada profesión. Para poder trabajar en algunas profesiones, se exigen determinadas cualificaciones, y los certificados sirven para acreditarlas.

- Asimismo, tienen validez académica, puesto que permiten continuar un itinerario formativo siempre que se cumplan los requisitos de acceso para cursar la titulación deseada. De tal modo que, los Certificados Profesionales que sean parte de un Grado D permitirán la matrícula modular para completar los módulos establecidos en el currículo y obtener el correspondiente título de técnico básico, técnico o técnico superior con validez en todo el territorio nacional.

Para obtener un Certificado Profesional (Grado C) es preciso cumplir con los requisitos de acceso para realizar la formación.

Estructura de los Certificados Profesionales

I. Identificación: denominación, familia y área profesional a la que pertenecen; nivel de cualificación profesional (1, 2 o 3); cualificación profesional de referencia; entorno profesional y módulos formativos que esté previsto cursar junto con la duración de cada uno de ellos.

II. Perfil profesional: incluye las competencias profesionales requeridas en el mercado laboral. En todas ellas se concretan las realizaciones profesionales y los criterios de realización.

III. Formación: describe los módulos formativos que esté previsto cursar para adquirir las competencias requeridas. En cada uno de ellos se indican las capacidades que se pretende alcanzar y la duración del módulo de prácticas no laborales —PNL—, para el que cabe solicitar exención si se cumplen determinados requisitos.

IV. Prescripciones de las personas formadoras.

V. Requisitos mínimos de espacios, instalaciones y equipamiento.

Los Certificados Profesionales se identifican con una denominación concreta y un código alfanumérico propio, y sirven para acreditar una determinada cualificación profesional. Cada certificado está asociado a una relación de unidades de competencia que, a su vez, se vinculan con una serie de módulos formativos específicos. Algunos módulos están integrados por unidades formativas y tanto unos como otras son, en ocasiones, transversales, lo que significa que se trata de contenidos incluidos en más de un Certificado Profesional.

Los Certificados Profesionales se articulan en tres niveles de competencia profesional (1, 2 y 3) conforme a lo dispuesto en el que será el Catálogo Nacional de Estándares de Competencias Profesionales, anteriormente Catálogo Nacional de Cualificaciones Profesionales (CNCP), según los criterios establecidos de conocimientos, iniciativa, autonomía y complejidad de las tareas, en cada una de las ofertas de Formación Profesional.

La oferta formativa dirigida a la obtención de los Certificados Profesionales tiene carácter modular para favorecer la acreditación parcial acumulable de la formación recibida y posibilitar así el avance en el itinerario de Formación Profesional para cualquiera que sea la situación laboral de cada persona en cada momento.

En definitiva, el Grado C constituye la oferta, parcial y acumulable, del sistema de Formación Profesional, de varios módulos profesionales del catálogo modular de Formación Profesional por razón de su significado en el mercado laboral y conducente a la obtención de un Certificado Profesional.

Las ofertas de Grado C de Formación Profesional tendrán por objeto módulos profesionales incluidos previamente en el catálogo modular de formación profesional y asociados al Catálogo Nacional de Estándares de Competencias Profesionales.

Finalidad de los Certificados Profesionales

- Contribuir a la ordenación de un Sistema de Formación Profesional al servicio de un régimen de formación y acompañamiento profesionales que sea capaz de responder con flexibilidad a los intereses, expectativas y aspiraciones de cualificación profesional de las personas a lo largo de su vida.

- Combinar escuela y empresa situando a la persona en el centro del sistema.

- Facilitar el aprendizaje permanente de toda la ciudadanía mediante una formación abierta, flexible y accesible, estructurada de forma modular, a través de la oferta formativa asociada al certificado.

- Acreditar las cualificaciones profesionales o las unidades de competencia recogidas en estas, independientemente de su vía de adquisición, bien sea través de la vía formativa, o mediante la experiencia laboral o vías no formales de formación.

- Favorecer, tanto a nivel nacional como europeo, la transparencia del mercado de trabajo.

- Contribuir a la calidad de la oferta de Formación Profesional.

Este libro

Elpresente libro desarrolla la Unidad Formativa: **Aprovisionamiento interno en pastelería**, **Código:** UF0817, **Duración:** 30 horas.

Corresponde al Módulo Formativo denominado Aprovisionamiento interno y conservación en pastelería (MF1333_1), asociado a la Unidad de Competencia UC1333_1: Ejecutar operaciones básicas de aprovisionamiento interno y conservación de preelaboraciones y elaboraciones de pastelería, perteneciente a la Cualificación Profesional de referencia HOT414_1: Operaciones básicas de pastelería, incluida en el Certificado de Profesionalidad HOTR0109 Operaciones básicas de pastelería.

Según el Real Decreto 685/2011, de 13 de mayo, los contenidos que en esta obra se recogen se corresponden con una duración de 30 horas.

Tanto la estructura como el desarrollo de este libro se ajustan a dicho Real Decreto y más concretamente a los contenidos de la Unidad Formativa **Aprovisionamiento interno en pastelería**.

Contenido

1. **El sector de la pastelería**
   - Definición de Pastelería.
   - Tipos de establecimientos:
     - Pastelería tradicional.
     - Pastelería industrial.
     - Distribuidor de pastelería.
     - Establecimientos que venden productos de pastelería.
   - Otros establecimientos especializados.
   - Productos que se venden en una pastelería:
     - Productos de confitería.
     - Productos de bollería y masas fritas.
     - Productos de pastelería y repostería.
     - Helados.
     - Tartas.
     - Confituras.
     - Mermeladas.
     - Jaleas.

- – Gelatinas.
- – Pastas.
- – Frutas en almíbar.
- – Frutas confitadas.
- – Salsas.
- – Cremas de frutas.
- – Productos.
- – Panes especiales.
- – Pastas saladas de diferentes tipos.
- – Embutidos.
- – Chacinas y quesos.
- – Vinos y licores.
- El obrador de pastelería:
  - – Estructuras habituales de locales y zonas de producción de pastelería.
  - – Instalaciones del obrador de pastelería.
  - – Organigrama laboral de pastelería.
  - – Planificación y órdenes de trabajo de un obrador.
  - – Maquinaria y equipos básicos que lo componen:
    - - Características fundamentales, funciones y aplicaciones más comunes.
    - - Aplicación de técnicas, procedimientos y modos de operación.
    - - Control y mantenimiento característicos.

2. Las materias primas en pastelería

- Identificación de las materias primas para una correcta recepción:
  - – Harinas.
  - – Grasas.
  - – Lácteos y derivados.
  - – Ovoproductos.
  - – Frutas.
  - – Chocolates y cobertura.
  - – Frutos secos.
  - – Azúcares y varios.

- Análisis de las características organolépticas de las materias primas y/o productos.
- Distribución de las materias primas según su naturaleza (perecedera o no perecedera) en almacenes, cámaras de frío o congeladores.

3. **Aprovisionamiento de materias primas de pastelería**
   - Procedimientos de solicitud y gestión de géneros: métodos sencillos, documentación (albaranes) y aplicaciones.
   - Control de calidad (estado de frescor y características organolépticas).
   - Transportes utilizados (isotermos, frigoríficos, congeladores).
   - Acondicionamiento del producto (cajas compartimentadas, bolsas y embalajes).
   - Control del buen estado de los embalajes en su recepción (roturas o desperfectos).
   - Grado de temperatura en el transporte del producto (frío positivo o negativo).
   - Control de peso y pedido (según solicitud y reflejo de albarán).
   - Necesidades básicas de regeneración y conservación, según la naturaleza del producto o materia prima.

■ Nota del Editor

En Ediciones Paraninfo estamos comprometidos con la calidad de la formación e intentamos que nuestros materiales respondan fielmente y con rigor a las necesidades de todos cuantos confían en nuestro sello editorial.

Tratamos de dar respuesta a los currículos de las unidades formativas y de los módulos que integran los distintos Certificados Profesionales, equilibrando la parte teórica con la práctica para que los procesos de aprendizaje se conviertan en experiencias gratificantes, tanto para docentes como para las personas inmersas en los procesos formativos.

Nuestros objetivos son contribuir de forma decisiva a afianzar aprendizajes, ayudar a adquirir destrezas que tengan significado para el empleo y conseguir potenciar el desarrollo personal.

Para lograrlo contamos con excelentes autores, expertos en las materias que abordan, en la mayoría de los casos docentes de dichas especialidades con dilatada experiencia tanto profesional como académica, porque buscamos perfiles familiarizados con los contextos laborales concretos a los que se refieren nuestros manuales.

Confiamos en poder serte de ayuda y esperamos tus impresiones acerca de nuestro trabajo. Sean positivas o negativas, serán muy bien recibidas y, sin duda, nos ayudarán a seguir mejorando y trabajando con ilusión para continuar siendo un referente en formación para el empleo.

Agradecemos tu confianza en nuestros manuales. Todo nuestro equipo queda a tu total disposición. Puedes contactar con nosotros en esta dirección de correo electrónico:

info@paraninfo.es

1. El sector de la pastelería

Contenidos

INTRODUCCIÓN

La pastelería forma parte de la alimentación humana desde tiempos remotos y, sin embargo, hoy en día sabemos que son alimentos nutricionalmente prescindibles por su gran aporte de azúcares (calorías vacías), de grasas saturadas (mantequilla y mantecas) y sal.

Si podemos (y, en ocasiones, debemos) prescindir de la pastelería, ¿por qué no lo hacemos? La respuesta es clara: a la mayoría de personas nos encanta lo dulce, nos fascina el chocolate y nos sorprenden los postres más vanguardistas.

En esta unidad vamos a profundizar en el conocimiento del sector de la pastelería, partiremos de su definición, describiremos los tipos de establecimientos más habituales, investigaremos los productos que se venden en una pastelería y conoceremos el obrador y su maquinaria.

Figura 1.1. Los pasteles son los productos más representativos de una pastelería.

1.1. DEFINICIÓN DE PASTELERÍA

La **pastelería** es el comercio donde se elaboran y venden pasteles y otros alimentos dulces como tartas, bollería, pastas o galletas. A su vez, se conoce como **pastelería, repostería o confitería** el arte de elaborar toda esta serie de productos dulces.

Se presupone que la pastelería es casi tan antigua como la cocina. Sin embargo, las primeras recetas escritas datan de 5000 años a. C. y proceden de Mesopotamia y del Antiguo Egipto. Se trataba de panes de miel redondos. En la Antigua Grecia también está documentado el uso de pasteles en la celebración de los nacimientos y en el Imperio romano la profesión de pastelero estaba reconocida.

La conquista de la Península ibérica por los árabes supuso una fusión de culturas y el acercamiento a la pastelería europea de ingredientes hasta el momento desconocidos como la almendra o los cítricos. El descubrimiento de América trajo una nueva revolución culinaria que se dejó notar en la pastelería con la incorporación de alimentos hoy en día imprescindibles como el cacao.

Figura 1.2. El cacao, proveniente de América, supuso una revolución en el mundo de la pastelería.

No es hasta el siglo XVIII cuando comienza el afianzamiento de la **pastelería como arte,** desarrollándose en Francia a partir de la creación de la masa de hojaldre y las múltiples elaboraciones que facilitó. Se abrió un nuevo mundo de posibilidades que despertó la inquietud de los cocineros y pasteleros del momento por la experimentación de nuevas técnicas y la creación de numerosas recetas que, aunque modernizadas, todavía se elaboran en la actualidad. Antoine Marie Carêm, cocinero y pastelero francés de finales del siglo XVIII y principios del XIX es el máximo exponente de la época.

La **pastelería moderna** comienza a principios del siglo XX con Gaston Lenôtre como el gran artífice del cambio de tendencia. Consiguió hacer una pastelería más ligera, con menos cantidad de azúcar y potenció el uso de la mantequilla. Creó escuela y muchos pasteleros del momento siguieron su forma de elaborar. Al desarrollo de esta pastelería moderna contribuyó el desarrollo de la refrigeración como sistema de conservación y la aparición de maquinaria novedosa que facilitó las elaboraciones. Es también en el siglo xx cuando se produce el desarrollo de la **pastelería y la bollería industrial,** de peor calidad organoléptica y nutricional que la tradicional, pero con precios más económicos.

La pastelería es un arte en movimiento porque no deja de evolucionar. En este inicio del siglo xxi se ha desarrollado un conocimiento profundo de las técnicas. Esto unido a la aparición de nuevos ingredientes y nueva maquinaria da alas a los grandes pasteleros del momento en la creación de nuevos productos que nunca dejan de sorprendernos.

Figura 1.3. La pastelería moderna se inició en el siglo xx.

1.2. TIPOS DE ESTABLECIMIENTOS

Aunque la elaboración de productos de pastelería y repostería se realiza casi siempre en un obrador, existen multitud de puntos de venta de distintos tamaños y características que hacen llegar nuestras elaboraciones a los clientes.

1.2.1. Pastelería tradicional

La **pastelería tradicional** es aquella que se elabora en un obrador tradicional, de forma artesanal, en cantidades modestas, siguiendo recetas tradicionales o innovadoras, pero siempre con el criterio del maestro pastelero y pensada para ser distribuida de forma minorista a través de su propio punto de venta.

Las **características** de la pastelería tradicional son las siguientes:

- **Mecanización:** la pastelería tradicional no está exenta de estar mecanizada, ya que en la actualidad disponemos de un amplio abanico de maquinaria que permite hacer las operaciones más habituales: batidoras, amasadoras, laminadoras, fermentadoras, etc. La diferencia con la pastelería industrial es que el proceso de fabricación no está automatizado y la mano humana juega un papel fundamental en la calidad del producto final.

Figura 1.4. En la pastelería tradicional, todavía muchas elaboraciones se realizan de forma manual.

- **Durabilidad:** los productos elaborados están pensados para venderse en poco tiempo, por lo que tienen una durabilidad baja.

- **Cantidad:** en una pastelería tradicional se elaboran diariamente aquellos productos que se tiene previsto vender en las 24-48 horas posteriores a su producción.

- **Calidad:** puesto que no pueden competir en precio con la pastelería industrial, las pastelerías tradicionales buscan ofrecer productos de alta calidad que fidelicen a sus clientes.

- **Distribución:** la distribución se realiza en su propio punto de venta o en otros situados en la propia localidad o en municipios vecinos.

- **Productos:** al tratarse de una distribución local, los productos que se elaboran son muy especializados y se adaptan a los gustos y tradiciones propias de los clientes de la zona de elaboración.

- **Precio:** el precio de los productos de pastelería tradicional es superior al de los producidos en la pastelería industrial. Esto se debe a la calidad de los ingredientes utilizados y al mayor precio que se paga por ellos al realizar una producción más reducida.

Figura 1.5. Los panellets son productos muy especializados de la pastelería tradicional.

1.2.2. Pastelería industrial

La **pastelería industrial** es aquella que se produce en un obrador industrial, en grandes cantidades y pensada para ser distribuida de forma mayorista en un amplio territorio y, por consiguiente, a lo largo de un cierto período de tiempo.

Las **características** de la pastelería industrial son las siguientes:

- **Mecanización:** la pastelería industrial está completamente mecanizada y los procesos de fabricación 100 % automatizados, con un funcionamiento continuo desde la recepción de ingredientes al envasado del producto final.

- **Durabilidad:** al fabricarse grandes cantidades de productos, y comercializarse a largas distancias, es necesario cambiar la formulación de los mismos con la incorporación de aditivos alimentarios como conservantes, emulgentes o estabilizantes que permitan fechas de consumo preferente más largas.

- **Cantidad:** las fábricas de pastelería y bollería industrial fabrican grandes cantidades de productos a diario.

Figura 1.6. En la pastelería industrial la fabricación está completamente automatizada.

- **Calidad:** en la industria pastelera se opta por ofrecer productos con una buena relación calidad-precio y se le da prioridad a la estandarización de las elaboraciones en vez de a la calidad de las mismas.

- **Distribución:** la distribución es completamente mayorista, en ámbito local, nacional e internacional.

- **Productos:** puesto que se pretende una distribución global, se elaboran solamente productos que tienen una aceptación general por los clientes.

- **Precio:** la producción de grandes cantidades de productos supone una reducción de los costes de materias primas, mientras que la alta mecanización y automatización de los procesos supone un ahorro de costes de personal. Estos dos factores, unidos a la utilización de materias primas de peor calidad pero más económicas, hacen que la pastelería industrial sea más barata que la tradicional.

Figura 1.7. El aceite de coco es muy utilizado en pastelería industrial.

- **Aspectos nutricionales:** la utilización masiva de grasas saturadas (como aceite de coco y palma) en la industria pastelera se ha relacionado con efectos negativos en la salud como el aumento de colesterol, ciertos problemas cardiovasculares o la obesidad. En los últimos años la pastelería industrial intenta revertir esta tendencia con la utilización de grasas insaturadas como aceites de girasol y oliva.

1.2.3. Distribuidor de pastelería

Las empresas que elaboran productos de pastelería no siempre lo hacen para venderlos de forma directa. En ocasiones actúan como distribuidores de otros comercios que serán los encargados de hacer llegar los productos de pastelería al público. Tenemos cuatro **tipos** de distribuidores de pastelería:

- **Venta propia,** en distintos establecimientos de una misma cadena de venta minorista.

- **Venta ajena,** a *boutiques* que no tienen obrador propio.

- **Distribuidores del sector HORECA** (Hostelería, Restauración y Cáterin), cuyos productos de pastelería serán servidos dentro de un menú en una cafetería, bar o restaurante.

- **Distribuidores del sector de alimentación** (generalmente, industrias pasteleras), que venden sus productos a supermercados, hipermercados o tiendas de alimentación minoristas.

Figura 1.8. En un supermercado es fácil encontrar todo tipo de productos de panadería y pastelería.

1.2.4. Establecimientos que venden productos de pastelería

Son muchos los establecimientos que venden productos de pastelería. En esencia, menos los establecimientos de alimentación minorista (supermercados, hipermercados o tiendas de ultramarinos), todos podrían ser considerados pastelerías. Sin embargo, a lo largo de la historia, y en función de su especialización, los establecimientos de pastelería han ido adquiriendo nombres específicos en función de los productos concretos que vendían.

Los establecimientos más característicos que venden productos de pastelería son los siguientes:

Figura 1.9. En los despachos de pan sirven productos de panadería y pastelería, pero no tienen obrador propio.

- **Panadería-pastelería:** aunque hablamos de la pastelería como un arte diferenciado de la panadería, lo cierto es que están sumamente relacionados. Es frecuente que un obrador de pastelería esté junto con un obrador de pan y los productos combinados de ambos se vendan en negocios llamados panadería-pastelería. Sucede con frecuencia que la gente acorta el nombre y simplemente los llama panadería.

- **Despacho de pan:** son establecimientos donde se venden productos de panadería y pastelería, pero no tienen obrador propio.

- **Confitería:** es aquel establecimiento donde se venden pasteles, dulces o confituras.

- **Bombonería:** es el local especializado en la elaboración y venta de bombones y otros productos derivados del chocolate.

- **Cruasantería:** es el comercio especializado en la elaboración de cruasanes y otros productos de bollería.

- **Tienda de tartas:** existen tiendas especializadas en la realización de tartas, normalmente con diseños personalizados e innovadores.

Figura 1.10. Las tiendas de tartas son pastelerías especializadas en la elaboración de tartas para eventos.

- **Heladería:** son maestros en la elaboración y venta de helados.

- **Horchatería:** se dedican a la elaboración y venta de horchata, helados y bollos tradicionales como los fartones.

- **Crepería:** es el establecimiento donde se elaboran y venden todo tipo de crepes dulces o salados.

- **Churrería, buñolería o gofrería:** donde se elaboran y venden churros, buñuelos o gofres.

- **Tienda de caramelos:** se trata de un comercio donde se venden de forma exclusiva caramelos y dulces.

1.2.5. Otros establecimientos especializados

Aunque habitualmente hablamos de la pastelería como un sector productivo propio e independiente, no hay que olvidar que en muchas ocasiones está ligada a la restauración.

En bares, cafeterías y restaurantes se vende todo tipo de bollería en desayunos, almuerzos y meriendas, y gran variedad de postres y tartas en comidas y cenas. En ocasiones, estos establecimientos actúan como simples intermediarios entre los fabricantes (pastelería tradicional o industrial) y los clientes, pero cada vez es más frecuente encontrar restaurantes especializados en la producción de postres, tartas y bollería.

Estos restaurantes tienen dentro de su cocina una pastelería independiente (a veces dos, una fría y otra caliente) y cuentan en su plantilla con reposteros profesionales que hacen las delicias de su público y establecen una diferenciación con el resto de negocios de la competencia.

Figura 1.11. Los restaurantes son también especialistas en pastelería.

1.3. PRODUCTOS QUE SE VENDEN EN UNA PASTELERÍA

Son muchos los productos de pastelería, repostería y confitería que se elaboran y comercializan en una pastelería. Además, puesto que los pasteles son productos tradicionales, en muchas ocasiones se aprovecha el punto de venta para ofrecer otros alimentos que, en ocasiones, no tienen nada que ver con la producción pastelera.

1.3.1. Productos de confitería

Se trata de productos elaborados fundamentalmente con azúcares y que pueden llevar en su composición otros ingredientes y aditivos autorizados. Entre los ingredientes más utilizados en su elaboración tenemos: azúcares, huevos, grasas, frutos secos, frutas o zumos de frutas, cacao y coberturas de chocolate, colorantes y aromas.

Los productos de confitería más característicos son: caramelos, mazapanes, turrones, cacao, chocolate y productos derivados.

Figura 1.12. Los turrones son un producto característico de confitería.

1.3.2. Productos de bollería y masas fritas

Los **productos de bollería** se elaboran con masa fermentada de harinas y otros ingredientes. Podemos diferenciar entre bollería **ordinaria,** sin relleno ni guarnición, y bollería **rellena o guarnecida,** que ha sido rellenada con distintos alimentos dulces o salados.

Los productos de bollería más significativos son: palmeras, napolitanas, cruasanes, magdalenas, sobaos, berlinesas, brioches, rosquillas y donuts.

Se consideran **masas fritas** a aquellos productos elaborados con agua, harina y sal, con o sin gasificantes, y fritos en aceite vegetal.

Las masas fritas más populares son los churros, buñuelos, porras, torrijas y pestiños.

Figura 1.13. Los cruasanes son productos de bollería clásicos.

1.3.3. Productos de pastelería y repostería

Los **productos de pastelería y repostería** son aquellos elaborados con masa de harina, fermentada o no, rellena o no, cuyos ingredientes principales son harinas, aceites o grasas, agua, con o sin levadura, a la que se pueden añadir otros ingredientes.

Podemos distinguir entre pastelería dulce y salada, en función del sabor final de la elaboración, pero todos los productos (dulces y salados) parten de cinco **masas básicas:**

* **Masas de hojaldre:** se trata de masas trabajadas que llevan en su composición harina, aceites o grasas y agua, con o sin sal.

  Productos más característicos: pasteles, cocas, bandas de crema, bandas de frutas, cazuelita, besamela grande, milhojas, palmeras, rellenos, rusos, alfonsinos y pastas dulces y saladas, canutos, cuernos, tortellas, lazos, duquesas, pastel de manzana, garrotes, hojas, etcétera.

Figura 1.14. La masa de hojaldre permite realizar múltiples elaboraciones.

- **Masas azucaradas:** elaboradas con harina, aceite o grasa y azúcares.

  Productos más característicos: pastas secas o de té, cazuelitas, pastas sablé, pasta brisa, pasta quemada, pasta flora, tortas, mantecados, polvorones, besitos, cigarrillos, tejas, lenguas de gato, picos de pato, pitillos, carquiñolis, relajos, margaritas, mascotas, virutas, rosquillas de Santa Clara, etcétera.

Figura 1.15. Los mantecados y polvorones son masas azucaradas.

- **Masas escaldadas:** cocidas antes de ser cocinadas. Compuestas por: harina, sal, agua, leche, aceites o grasas y, en ocasiones, licores.

  Productos más característicos: relámpagos, lionesas, palos, bocados de dama, roscos rellenos, rosquillas delicadas, cafeteros, pequeña-crema, etcétera.

Figura 1.16. Tanto los profiteroles como las lionesas se elaboran con una masa escaldada.

- **Masas batidas:** al ser sometidas a un batido son de gran volumen, tiernas y suaves. Elaboradas con huevos, azúcares y harinas.

  Productos más característicos: bizcochos, melindros, soletillas, rosquillas, mantecadas, magdalenas, bizcochos de frutas, genovesas, planchas tostadas, postres, merengues, brazos de gitano, bizcochos de Vergara, bizcochos de Viena, tortas de Alcázar, capuchinos, piropos, palmillas, búlgaros, tortillas, biscotelas, etcétera.

Figura 1.17. Los bizcochos de las tartas son masas batidas.

- **Masas de repostería:** elaboradas a partir de las anteriores, llevan un relleno o guarnición de otros productos.

  Productos más característicos: tocinos de cielo, almendrados, yemas, masas de mazapán, mazapanes de Soto, mazapanillos, turrones, cocadas, guirlache, tortas imperiales, panellets, alfajores, confites, anises, grageas, pastillas, caramelos, jarabes, confitados de frutas, mermeladas, jaleas de frutas, pralinés, trufas, figuras y motivos decorativos, huevo hilado, etcétera.

Figura 1.18. Los mazapanes son una masa con almendra.

1.3.4. Helados

Los **helados** son los productos resultantes de batir y congelar una mezcla de leche pasteurizada, derivados lácteos (como la nata) y otros productos alimenticios (como azúcar, huevos, frutas o aromas). Los diferenciamos de los sorbetes porque estos últimos, además de no estar batidos, tienen agua en su composición.

Permiten una amplia combinación de colores y sabores, por lo que son muy apreciados en el mundo de la repostería como postres independientes o combinados con pasteles, tartas e incluso con otros postres más elaborados.

Aunque se pueden consumir durante todo el año, los helados adquieren su verdadero protagonismo en verano, cuando pasan de ser mero acompañamiento a ser los productos estrella de heladerías, cafeterías y muchos restaurantes.

Figura 1.19. Los helados permiten una amplia combinación de colores y sabores.

1.3.5. Tartas

Las **tartas,** comúnmente denominadas pasteles en muchos países, son uno de los productos de pastelería más característicos. Se componen fundamentalmente de un bizcocho o masa relleno de frutas, salsas o cremas, y cubierto o decorado de otras frutas, salsas o cremas iguales o diferentes.

Figura 1.20. La tarta de chocolate es una de las más populares.

Aunque en principio los ingredientes son prácticamente comunes para todas las tartas (harina, azúcar, grasa, levadura, etc.), existen innumerables posibilidades de combinación de sabores, colores y presentaciones de las mismas.

Las tartas reciben normalmente el nombre de los ingredientes del relleno: tarta de manzana, tarta de merengue, tarta de limón, tarta de chocolate, etc. Algunas tartas, sin embargo, tienen nombre propio: tarta Pavlova, tarta María Luisa, tarta Sacher, tarta Selva Negra, tarta de Santiago, tarta Saint Honore, tarta San Marcos, tarta Tatin, etcétera.

1.3.6. Confituras

Las **confituras** son un método tradicional de realizar una conserva de frutas. Consisten en la cocción en un almíbar caliente de puré o pulpa de fruta, con la adición de un gelificante (generalmente, pectina) que le aporta su textura característica.

En función de su contenido en fruta, podemos diferenciar entre confitura (con un mínimo del 35 % de fruta) y confitura extra (con al menos un 45 %). Se utiliza todo tipo de frutas para la elaboración de confituras.

Las confituras se utilizan en el relleno y decoración de tartas, bollería y otros postres, además de en la elaboración de salsas y cremas.

Figura 1.21. Podemos comprar confituras en establecimientos de pastelería.

1.3.7. Mermeladas

Las **mermeladas** son, al igual que las confituras, una conserva de frutas elaborada mediante la cocción en caliente de trozos de frutas. También actúa la pectina como gelificante, pero al encontrarse de forma natural en la piel de muchas frutas no siempre es necesario añadirla.

La mermelada debe elaborase con al menos un 30 % de fruta para que pueda considerarse como tal; mientras que la cantidad de fruta en una mermelada extra debe ser superior al 50 %. Las frutas más utilizadas para la elaboración de mermeladas son: fresa, melocotón, albaricoque, ciruela, naranja y frutas del bosque.

Las mermeladas tienen el mismo uso en pastelería que las confituras.

1.3.8. Jaleas

La elaboración de las **jaleas** utiliza los mismos ingredientes que las confituras y mermeladas, cambiando únicamente el método de producción. La fruta se cuece y se escurre, extrayendo su jugo que es mezclado con el almíbar y gelificado mediante la adición de pectina.

Las jaleas tienen el mismo uso en pastelería que mermeladas y confituras, pero se diferencian de ellas en que aportan una textura más suave.

Figura 1.22. Las jaleas se diferencian de las confituras y mermeladas solamente en el método de producción.

1.3.9. Gelatinas

Los **gelificantes,** entre ellos las gelatinas, la pectina y el agar-agar, son aditivos que tienen la propiedad de ser líquidas en caliente y gelificar en frío. Se elaboran gelatinas de zumos de frutas como postres y, además, se utilizan (por su propiedad gelificante) para la elaboración de confituras, mermeladas y jaleas, para espesar cremas y salsas y para dar brillo a pasteles y tartas.

Figura 1.23. Las gelatinas se elaboran como postre o como decoración.

1.3.10. Pastas

Las **pastas** son los productos de pastelería elaborados a partir de masas azucaradas.

Las pastas más características son: pastas secas o de té, cazuelitas, pastas sablé, pasta brisa, pasta quemada, pasta flora, tortas, mantecados, polvorones, besitos, cigarrillos, tejas, lenguas de gato, picos de pato, pitillos, carquiñolis, relajos, margaritas, mascotas, virutas, rosquillas de Santa Clara, etcétera.

Figura 1.24. Las pastas son masas azucaradas.

1.3.11. Frutas en almíbar

El **almíbar** es una solución concentrada de agua y azúcar que impide el crecimiento de microorganismos y es una buena forma de conservación de las frutas.

Las **frutas en almíbar** se utilizan en la elaboración y decoración de todo tipo de tartas y postres. Cerezas, melocotones, albaricoques, peras, fresas o nísperos son las frutas que más comúnmente podemos encontrar conservadas en almíbar.

Figura 1.25. Las frutas en almíbar son una buena solución para su conservación.

1.3.12. Frutas confitadas

Las **frutas confitadas** se cocinan sumergidas en almíbar hasta que conseguimos deshidratarlas, al aumentar su concentración interior de azúcar y, por tanto, su conservación.

Después de la deshidratación, las frutas pueden glasearse o escarcharse (cubriéndolas con azúcar de forma uniforme o no). Se pueden comercializar así o utilizarlas en la decoración de elaboraciones de pastelería como los roscones de reyes o en algunos tipos de turrones.

Higos, melocotones, albaricoques, peras, manzanas y naranjas son las más habituales.

Figura 1.26. Las frutas escarchadas se utilizan para la decoración de postres y tartas.

© Ediciones Paraninfo

1.3.13. Salsas

Las **salsas de frutas** son elaboraciones dulces utilizadas para el acompañamiento de postres, tartas, helados e incluso de elaboraciones saladas para ofrecer un contraste. Tenemos *coulis* (salsa espesa de frutas) o siropes (salsa azucarada de frutas).

Además de las de frutas, en pastelería son muy versátiles otras salsas como las de caramelo, café o chocolate.

Figura 1.27. Las salsas se utilizan como acompañamiento de otros postres.

1.3.14. Cremas de frutas

Las **cremas de frutas** (como la crema de limón) se suelen utilizar en el relleno de tartas y pasteles. Las cremas de frutas industriales son más fáciles de encontrar en los comercios.

Figura 1.28. Las cremas se utilizan para rellenar tartas y pasteles.

1.3.15. Productos

En pastelería no siempre vamos a trabajar de cero, elaborando materias primas, sino que en ocasiones vamos a trabajar con productos precocidos, masas congeladas y otras masas semielaboradas:

- **Productos precocidos:** son aquellos cuya cocción se ha interrumpido antes de su finalización, congelándose o conservándose posteriormente.

- **Masas congeladas:** se trata de masas que, fermentadas o no, con la forma de la pieza o no, han sido congeladas para su conservación.

- **Otras masas semielaboradas:** fermentadas o no, con la forma de la pieza o no, han sido conservadas con un proceso distinto a la congelación.

Figura 1.29. Las masas semielaboradas permiten una elaboración rápida de todo tipo de productos.

1.3.16. Panes especiales

Se trata de panes distintos al pan común elaborados con harinas enriquecidas, o que lleven otros ingredientes que elevan su valor nutritivo.

Figura 1.30. Los panes de leche se consideran panes especiales.

Los **panes especiales** más reconocidos en el mercado son: pan integral, pan con grañones, pan con salvado, pan vienés y pan francés, pan glutinado, pan al gluten, pan tostado, biscote, colines, pan de huevo, pan de leche, pan de pasas, pan con pasas y pan de miel.

1.3.17. Pastas saladas de diferentes tipos

Las **pastas saladas** son una especialidad de la repostería que, además de los ingredientes básicos (harina, huevo, grasa y sal), incorporan otros ingredientes como carnes, fiambres o pescados. Existen pastas saladas de muchos tipos, en función de la masa que llevan: masa hojaldrada, masa quebrada o masa tipo pan.

Los productos más conocidos son: *quiches,* tartas saladas, empanadillas, empanadas, canapés, saladitos, hojaldres rellenos, tartaletas, volovanes, minipizzas, mininapolitanas, etcétera.

Figura 1.31. La *Quiche Lorraine* es la receta estrella de las masas saladas.

1.3.18. Embutidos

Aunque los **embutidos** suelen venderse en carnicerías y charcuterías, algunos de ellos, por su carácter tradicional, los podemos encontrar en comercios de pastelería.

1.3.19. Chacinas y quesos

Las **chacinas** son carnes conservadas, desecadas o embutidas (como por ejemplo las cecinas), mientras que los **quesos** son derivados lácteos producidos por una coagulación enzimática de la leche y posterior maduración. Son productos elaborados de forma artesanal, por lo que en ocasiones podemos encontrarlos en establecimientos que venden productos de pastelería.

Figura 1.32. El queso es un ingrediente complementario en pastelería.

1.3.20. Vinos y licores

El consumo de muchos **vinos y licores** (sobre todo los dulces) está asociado de forma directa a los postres, combinando a la perfección con los productos de pastelería. Cavas y champanes, mistelas y moscateles, licores de hierbas o licores de frutas son productos fáciles de encontrar en pastelerías.

Figura 1.33. Los vinos y licores dulces son el complemento ideal de los productos de pastelería.

1.4. EL OBRADOR DE PASTELERÍA

El obrador de pastelería puede parecer muy distinto en función del tamaño de la pastelería o de si esta es artesanal o industrial. Sin embargo, la realidad es que en esencia un obrador de cualquier tamaño tiene en general las mismas estructuras e instalaciones.

1.4.1. Estructuras habituales de locales y zonas de producción de pastelería

El **obrador** es el espacio donde se elaboran los productos de pastelería. Además, hacemos referencia a todas las estancias anexas, con sus respectivos equipamientos, que son necesarias para realizar todas las tareas del proceso de elaboración en pastelería.

La clave está en que a cada tarea le asignemos un espacio donde realizarla, provisto del equipamiento necesario:

- **Zona de recepción:** es donde recibimos la mercancía de nuestros proveedores y comprobamos su grado de frescura, su temperatura y la documentación que la acompaña (etiquetas, albaranes, etc.). Aunque es posible recibir los alimentos en otros espacios (pasillos, zona de almacenes, etc.), tener un espacio independiente facilita las tareas de recepción.

  Equipamiento básico: mesas y bancadas; báscula y termómetro; cubos de basura y lavamanos; recipientes.

Figura 1.34. En la zona de recepción recibimos el pedido y revisamos su documentación.

- **Almacén:** se trata del espacio destinado al almacenamiento de alimentos no perecederos. Es importante que sea un lugar fresco, seco y bien ventilado. Tendrá una temperatura inferior a 25 °C e iluminación suficiente de forma que se facilite la detección de suciedad. La normativa establece que debe ser exclusivo para alimentos, y no se puede guardar en él maquinaria, utillaje o productos de limpieza.

  Equipamiento básico: estanterías; recipientes.

- **Zona de cámaras:** en este espacio guardamos aquellos alimentos que necesitan frío para su conservación. Distinguimos tres temperaturas:

  - **De 5 °C a 8 °C:** vegetales y huevos frescos; productos elaborados de consumo inmediato; descongelación de productos que van a ser elaborados.

  - **De 1 °C a 4 °C:** carnes, pescados, fiambres y productos elaborados; lácteos refrigerados; descongelación de productos ya elaborados; algunos alimentos envasados.

  - **Por debajo de −18 °C:** alimentos perecederos congelados.

  Equipamiento básico: estanterías; recipientes; carros y torres portabandejas; indicadores de temperatura.

Figura 1.35. Los hoteles cuentan con zonas de cámaras grandes y funcionales.

- **Pastelería fría:** para la elaboración de cremas frías, natas, yemas y otros productos de riesgo o que deban manipularse en frío. La temperatura será próxima a los 15 °C.

  Equipamiento básico: climatizador con indicador de temperatura; mesas de trabajo, pilas, estanterías, equipos y utillaje; cubos de basura y lavamanos; útiles de limpieza y desinfección; guantes y mascarillas.

Figura 1.36. En la pastelería fría se realizan los pasteles fríos y bombones.

- **Pastelería caliente:** para la elaboración de productos calientes como bizcochos o productos horneados. Es importante que sea un lugar ventilado con temperatura inferior a los 25 °C.

  Equipamiento básico: hornos y campanas extractoras; armario caliente y baño maría; elementos de cocción, abatidor de temperatura; mesas de trabajo, pilas, estanterías, equipos y utillaje; cubos de basura y lavamanos; útiles de limpieza y desinfección; guantes y mascarillas.

Figura 1.37. En la pastelería caliente se elaboran productos que necesitan cocción.

- **Zona de fregadero:** para el lavado de moldes, bandejas, utillaje y, en su caso, vajilla.

  Equipamiento básico: mesas para el depósito de utensilios y menaje sucio; fregaderos, lavavajillas; estanterías y barras para el colgado de menaje y utillaje; campana para la extracción de vahos.

- **Cuarto de basuras:** es un espacio donde se almacenan los residuos de forma provisional y donde se pueden lavar los contenedores de basuras.

  Equipamiento básico: contenedores con tapa hermética; sistema de lavado a presión.

- **Vestuarios y aseos:** donde los trabajadores pueden asearse y cambiarse de ropa antes y después de la jornada laboral.

  Equipamiento básico: lavamanos, dosificador de jabón, secado automático de manos o dispensador de papel; taquillas y zapatero para calzado; duchas e inodoros; papeleras con tapa.

- **Otras dependencias:** oficina (donde se realizan las tareas administrativas), sala de enfriamiento, etcétera.

Al tratarse de zonas donde se manipulan, elaboran y distribuyen alimentos, existen normas higiénico-sanitarias que se deben cumplir en su diseño. La normativa es múltiple y depende de cada país, pero en general cumplen con los siguientes criterios:

- **Separación de zonas limpias y sucias:** entendemos por **alimentos limpios** aquellos que están listos para su consumo y que contaminados en ese momento pueden suponer un riesgo para la salud de los comensales. Una **zona limpia** es donde producimos alimentos limpios. Por tanto, para prevenir la contaminación es importante separar de manera estricta las zonas limpias de las sucias. Tendremos en cuenta los siguientes aspectos:

  - **Almacenamiento:** utilizaremos cámaras diferentes para almacenar alimentos sucios y limpios. Si no es posible, los limpios siempre van en el estante de arriba, perfectamente envasados.

  - **Manipulación de alimentos sucios:** se realizará en una zona independiente o, al menos, no coincidirá en el tiempo la manipulación de los sucios y los limpios.

  - **Zonas sucias:** consideramos que los aseos y vestuarios, el cuarto de basura y el *plonge*/fregadero de vajilla son zonas especialmente sucias que deben estar claramente separadas del resto.

  - **Basuras:** evitaremos evacuar la basura atravesando las zonas limpias o, al menos, lo haremos cuando no se estén elaborando alimentos.

- **Zonas de paso:** el obrador es una zona de trabajo, por lo que solo deben entrar aquellas personas que vayan a realizar tareas en ella. Las personas ajenas a la actividad transitarán por zonas habilitadas a tal efecto.

- **Corrientes de aire:** tomaremos medidas para evitar las corrientes de aire de zonas sucias a limpias, especialmente aquellas que vienen del exterior del local.

Figura 1.38. Los vestuarios son zonas sucias que han de estar correctamente aisladas.

- **Separación de zonas calientes y frías:** en una empresa alimentaria, la gestión de temperaturas es fundamental para evitar el crecimiento de microorganismos y por tanto la contaminación. Para evitar cambios bruscos de temperatura, es importante que los alimentos que necesitan frío no solo se almacenen en cámaras frigoríficas o congeladoras, sino que el ambiente donde se encuentran o se van a elaborar esté a la temperatura lo más baja posible. Podemos diferenciar tres tipos de espacios: zonas neutras, sin emisores de calor ni climatizadores (zona de recepción, almacén, pasillos, etc.); zonas frías con climatizadores (zona de cámaras, pastelería fría) y zonas calientes con equipos y maquinaria que emiten calor (pastelería caliente y *plonge*). Cuando pensemos el diseño de nuestro obrador es importante que los tres tipos de zonas estén claramente diferenciados.

Figura 1.39. La pastelería fría se separará de la pastelería caliente.

- **Marcha hacia delante:** como hemos visto hasta ahora es fundamental separar por un lado las zonas sucias y limpias y, por otro, las zonas frías y calientes. Además de la separación de las distintas zonas, necesitamos que no se puedan cruzar en la cocina los platos elaborados (limpios), con materias primas crudas o basuras y desperdicios. Para conseguirlo es importante diseñar el obrador de forma que se siga el flujo de los alimentos, desde que entran en la cocina hasta que salen para ser servidos, siguiendo una única dirección, sin posibilidad de retorno ni cruces. Los alimentos entran por la zona de recepción, se almacenan a la temperatura adecuada, se preelaboran, se elaboran en frío o en caliente, se guardan en una cámara diferente si es necesario, y se llevan a la sala de venta.

Figura 1.40. Moveremos los alimentos por la cocina de forma lógica.

- **Facilidad de limpieza:** con la limpieza eliminamos los restos de alimentos que servirán de nutrientes a microorganismos y plagas. Realizamos tareas de limpieza continuamente, así que es importante facilitarlas de forma que por un lado sean más eficaces y, por otro, nos cuesten menos tiempo y esfuerzo. Utilizaremos equipos y superficies móviles (con ruedas) o separados de la pared. Evitaremos los huecos inaccesibles, los recovecos, y elegiremos materiales que faciliten la limpieza.

Figura 1.41. Las ruedas en la maquinaria facilitan su limpieza y la de las zonas anexas.

- **Fácil accesibilidad y conexión entre zonas:** a los pasillos y zonas de conexión no se les da mucha importancia, ya que son espacios que se consideran muertos porque no se produce en ellos. La solución pasa por planificar la conexión entre zonas donde se realizan tareas dependientes, y evitar así el trasiego de los alimentos por largos pasillos, la separación de zonas en distintas alturas y escalones que puedan propiciar tropiezos y caídas de comida al suelo.

- **Dimensionado adecuado:** cada zona del obrador requiere de un espacio adecuado para la realización de las tareas de forma funcional e higiénica. Zonas demasiado pequeñas dan lugar a problemas, ya que los trabajos se ralentizan, el personal se molesta entre sí, los alimentos se almacenan de forma inadecuada y se dificulta la limpieza.

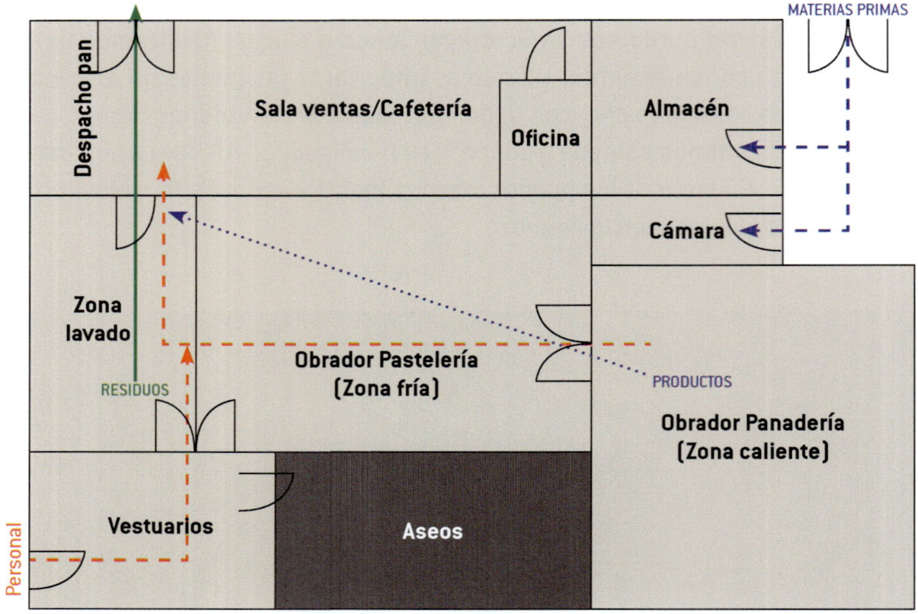

Figura 1.42. Plano de un obrador.

1.4.2. Instalaciones del obrador de pastelería

Para cumplir estos principios higiénicos, las instalaciones deben adecuarse a unos requisitos legales o funcionales determinados:

- **Materiales:** lavables, impermeables, lisos, resistentes a deterioros o roturas.

- **Paredes, suelos y techos:** las paredes, suelos y techos deberán mantenerse en buen estado y serán de materiales fáciles de limpiar y desinfectar. Los suelos serán de material antideslizante y dispondrán de desagües suficientes. Las paredes serán lisas. Los techos impedirán la acumulación de suciedad y reducirán el riesgo de condensación sobre los alimentos y superficies de trabajo.

- **Puertas y ventanas:** serán de superficies lisas no absorbentes, lo que impedirá la acumulación de residuos y serán fáciles de limpiar y desinfectar. Las ventanas además contarán con pantallas contra insectos desmontables y lavables.

- **Ventilación:** será la suficiente, natural o forzada, se evitarán corrientes de aire de zonas sucias a limpias y se facilitará la limpieza de los filtros.

- **Salida de gases:** se instalarán campanas extractoras que renueven el aire, además de aspirar humos y olores propios del cocinado.

- **Iluminación:** será la suficiente para facilitar la detección de suciedad. La luz será blanca, natural o artificial.

- **Temperatura:** será la adecuada para cada zona de trabajo. Cuando sea necesario se recurrirá al uso de climatizadores.

- **Suministro de agua:** dado que en la pastelería se requiere gran cantidad de agua para elaborar y limpiar, son necesarias instalaciones de suministro de agua potable, fría y caliente. El agua provendrá de una red de abastecimiento público o de pozos. En este último caso, es necesario que la red de suministro interno de agua garantice la correcta potabilización de esta.

Figura 1.43. Toda el agua utilizada en pastelería será potable.

- **Mobiliario y utillaje:** serán de materiales que faciliten la limpieza y estarán diseñados de forma que permitan la higiene de las zonas circundantes.

1.4.3. Organigrama laboral de pastelería

El organigrama es un esquema de la organización característica de una empresa. Permite ver los puestos de trabajo y la dependencia jerárquica de estos. Aunque el organigrama debe adaptarse a la organización de la empresa y no al revés, en la Figura 1.44, se puede ver un organigrama genérico de un obrador de pastelería.

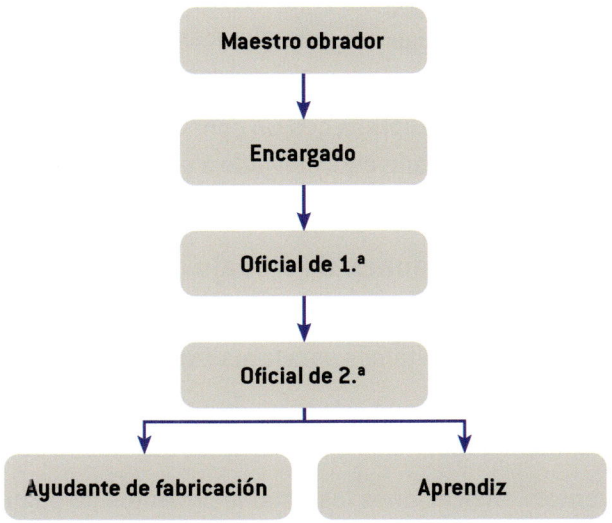

Figura 1.44. Organigrama genérico de un obrador de pastelería.

Las competencias profesionales del personal que trabaja en una empresa de pastelería son las siguientes:

- **Maestro obrador:** es la persona con mayor mando y responsabilidad en el obrador, cuida de todo el proceso de fabricación y sigue las directrices de la dirección de la empresa.

- **Encargado:** es quien, al tener los conocimientos técnicos de elaboración en todas sus fases y bajo la supervisión del maestro obrador, controla y supervisa el proceso productivo, colabora en su realización y desempeña las funciones de jefe de todo el personal de elaboración.

Figura 1.45. El oficial de 1.ª es personal especializado en la elaboración de todo tipo de productos de pastelería.

- **Oficial de 1.ª:** tiene a su cargo los trabajos de amasado, de elaboración de las distintas piezas y su cocción, cuida del buen funcionamiento de la maquinaria, así como de su limpieza. Verifica la labor de los ayudantes y aprendices.

- **Oficial de 2.ª:** tiene los mismos cometidos que el oficial de 1.ª, pero con un grado de especialización menor, colabora en la limpieza de la maquinaria, enseres y utensilios destinados a la producción.

- **Ayudante de fabricación:** sin ninguna especialización, tiene la función de ayudar indistintamente al oficial de 1.ª y al oficial de 2.ª, colabora en las tareas de almacén y en el contado de piezas elaboradas para su distribución.

- **Aprendiz:** está ligado a la empresa con un contrato de formación o de aprendizaje por el que el empresario está obligado a enseñarle el oficio.

1.4.4. Planificación y órdenes de trabajo de un obrador

El aprovisionamiento interno es el proceso mediante el cual nos abastecemos de las materias primas que necesitamos para la realización de las tareas diarias.

El aprovisionamiento interno tiene que partir de una o varias órdenes de trabajo en función de los distintos servicios que ofertamos en nuestro establecimiento:

- **Cáterin y eventos:** en ocasiones los establecimientos de pastelería ofrecen un servicio de cáterin dulce y salado, bien para recoger en tienda o bien para suministrar directamente en un determinado evento. Como funcionan por reserva previa se pueden anticipar las cantidades de materias primas necesarias para cumplir con el encargo.

Figura 1.46. Las pastelerías elaboran cáterin dulces o salados.

- **Productos expuestos en la sala de ventas:** hay una parte de clientes que tienen reserva previa y otros que improvisan. La orden de trabajo aproximará las ventas previstas y las cantidades que se deben elaborar de cada producto.

- **Servicio de distribución de productos de pastelería:** muchos establecimientos de pastelería tienen como clientes bares, cafeterías y restaurantes a los que les suministran todo tipo de productos de pastelería. Funcionan con pedidos previos que permiten prever las necesidades de materias primas y coordinar las tareas de producción.

Figura 1.47. Todos los días se elaboran productos para ser expuestos en la sala de venta.

En la Figura 1.48 se puede ver una ficha de orden de trabajo:

ORDEN DE TRABAJO		
Fecha		
Número de orden		
Solicitante		
Firma:		
Cliente		
Evento		
N.º ficha técnica	**Nombre del producto de pastelería**	**N.º raciones**
Observaciones		

Figura 1.48. Orden de trabajo.

Con las distintas órdenes de trabajo cada trabajador, en función de las tareas que le han sido asignadas, y teniendo en cuenta las cantidades definidas en la ficha técnica de cada producto, solicita las materias primas que necesita.

Con la autorización del encargado de producción (escrita o no) se registra la salida de género de la zona de almacenamiento y se resta del *stock*. Una vez utilizado el género, podemos tener productos preelaborados que necesitamos almacenar correctamente o materias primas sin elaborar que necesitamos volver a guardar. En el almacén se produce un registro de entrada de este género.

1.4.5. Maquinaria y equipos básicos que lo componen

Es mucha la maquinaria que puede utilizarse en pastelería. Además, para cada tipo de equipamiento existen multitud de modelos, más o menos automatizados y más o menos específicos en función de nuestras necesidades concretas. En este apartado vamos a estudiar la maquinaria y equipos básicos que lo componen de forma general.

Amasadoras

Características fundamentales, funciones y aplicaciones más comunes: como su nombre indica, sirven para amasar distintos tipos de masas. Facilitan el trabajo en pastelería ya que existen modelos de distintos tamaños que permiten trabajar con más de 100 kg de harina. Son simples y robustas, equipadas con un motor, un reloj programador, selector de velocidad, brazo vertical u horizontal, y un vaso. Pueden llevar otros accesorios como volcadores de masa.

Aplicación de técnicas, procedimientos y modos de operación: es importante tener en cuenta la velocidad de amasado de la máquina que vayamos a utilizar. Las amasadoras lentas producen un excesivo calentamiento de la masa y no son aconsejables para trabajar masas con levadura, ya que se acelera el proceso de fermentación. Las amasadoras rápidas permiten trabajar con todo tipo de masas.

Control y mantenimiento característicos: el mantenimiento consiste en la correcta limpieza de la amasadora (interior y exterior), la lubricación de los brazos y el control de la velocidad de amasado.

Figura 1.49. Existen amasadoras de muchos tamaños
que se adaptan a nuestras necesidades.

Batidoras/mezcladoras

Características fundamentales, funciones y aplicaciones más comunes: son equipos especialmente diseñados para la realización de masas batidas (aunque con el accesorio adecuado pueden trabajar otras masas). Constan de un cuerpo central con un pie, donde se sitúa el vaso con los ingredientes a batir, y un motor donde se fijan los accesorios (varillas para montar, pala para mezclar y gancho para amasar). Algunos modelos disponen de una toma de fuerza donde acoplar otros accesorios como picadores de carne, ralladoras de queso, exprimidores, cortadores de verdura, etcétera.

Aplicación de técnicas, procedimientos y modos de operación: funciona a distintas velocidades y con un amplio abanico de accesorios que le permiten trabajar, en pequeñas cantidades, todas las masas, incluyendo las más complicadas.

Control y mantenimiento característicos: el mantenimiento necesario es casi inexistente. Necesita una limpieza adecuada y un engrasado de los engranajes de transmisión.

Figura 1.50. Las batidoras mezcladoras tienen distintos accesorios que las convierten en máquinas muy versátiles.

Divisora/laminadora

Características fundamentales, funciones y aplicaciones más comunes: la **divisora** es una máquina que divide la masa en cantidades exactamente iguales y permite realizar productos de pastelería del mismo tamaño. Consta de una prensa con cuchillas que al presionar sobre la masa la divide. La **laminadora**

sirve para laminar las masas que así lo requieren y, al igual que la divisora, cortar piezas de masa idénticas. Además de una prensa con cuchillas que cortan la masa, estas máquinas constan de cintas transportadoras que mueven la masa para producir el laminado y rodillos auxiliares que enrollan la masa.

Aplicación de técnicas, procedimientos y modos de operación: las laminadoras tienen distintos anchos y largos de cintas que permiten la fabricación de masas de distintos tamaños. Además, permiten controlar el grosor del laminado. Las divisoras tienen prensas de cuchillas de distintos tamaños y formas que nos dan versatilidad en la división de las masas.

Control y mantenimiento característicos: la divisora es una máquina simple que únicamente requiere de limpieza y lubricación de la prensa y las cuchillas. Estas se mantendrán en perfecto estado de uso y se cambiarán cuando comiencen a dar resultados defectuosos. La laminadora, además de este mantenimiento básico, necesita de un calibrado del grosor del laminado.

Figura 1.51. La laminadora permite dividir las masas en láminas de forma cómoda y sencilla.

Fermentadora

Características fundamentales, funciones y aplicaciones más comunes: se utiliza para la fermentación de masas que contengan levadura fresca mediante la generación de una temperatura adecuada y constante.

Aplicación de técnicas, procedimientos y modos de operación: permite la fermentación de las masas con calor seco o con una cierta humedad, facilitando la estandarización de la producción y disminuyendo la posibilidad de fallos en el horneado.

Control y mantenimiento característicos: además de la limpieza adecuada es necesario comprobar el buen funcionamiento del termostato.

Horno

Características fundamentales, funciones y aplicaciones más comunes: permite cocer todo tipo de masas a temperaturas controladas y adecuadas a cada elaboración. Existen hornos convencionales y de convección. Pueden funcionar con electricidad, gas, gasoil o incluso leña. Algunos incorporan un sistema para la cocción con vapor.

Aplicación de técnicas, procedimientos y modos de operación: puesto que el horneado en sí es bastante simple, la clave está en elegir el horno adecuado en función de los productos que ofrecemos en nuestro establecimiento. Nos fijaremos en su tamaño, su distribución, dónde está la fuente de calor, la tem-

Figura 1.52. Es importante elegir el horno que se adapte a nuestras necesidades.

peratura que alcanza y si dispone de calor envolvente o de horneado a vapor. Existen hornos específicos para pastelería, panadería o pizzas.

Control y mantenimiento característicos: los hornos requieren de una limpieza profunda, de un control de las gomas de sellado y de una supervisión y calibrado de los termostatos.

Otra maquinaria accesoria

Además de la maquinaria fundamental para el amasado, batido, fermentación y horneado de las masas, en pastelería es habitual el uso de maquinaria accesoria muy diversa:

- **Envasadora al vacío:** permite envasar en ausencia de aire ciertos alimentos, lo que aumenta su tiempo de conservación y ayuda a preservar sus propiedades organolépticas.

- **Cámaras refrigeradas:** se utilizan para la conservación a temperaturas de refrigeración (de 1 °C a 4 °C), de los alimentos perecederos y de productos semielaborados y terminados que toleran bajas temperaturas.

- **Cámaras de congelación:** los alimentos que toleran la congelación se mantienen a temperaturas inferiores a −18 °C, lo que aumenta considerablemente sus tiempos de conservación.

Figura 1.53. Los arcones congeladores permiten guardar alimentos de forma segura.

- **Abatidor de temperatura:** consiste en un sistema de refrigeración que permite bajar la temperatura de un alimento caliente (de 70 °C a 80 °C) a temperaturas de refrigeración (de 0 °C a 4 °C) en menos de dos horas, o congelarlo (a temperaturas inferiores a −18 °C) en menos de cuatro horas.

- **Batidora de brazo:** se trata de una batidora manual y portátil que permite realizar batidos simples.

- **Exprimidor de zumos/licuadora:** se usa en la elaboración de zumos y licuados que se utilizarán después en la elaboración de salsas y cremas.

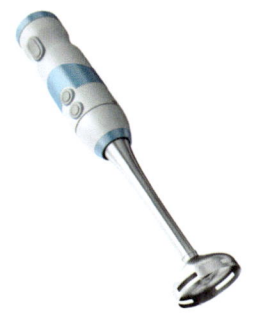

Figura 1.54. Una batidora de brazo nos ayuda en la elaboración de salsas y cremas.

- **Bañadora de chocolate:** se utiliza para el bañado de bombones y otras elaboraciones cubiertas de chocolate. Permite realizar una cubierta fina y uniforme.

Figura 1.55. La bañadora de chocolate permite cubrir piezas de bollería de forma uniforme.

- **Inyector/dosificador:** permite el relleno de bollos y pasteles de forma rápida y eficaz.
- **Cocedor de crema:** se trata de un cazo eléctrico que reparte el calor de forma uniforme. Se utiliza para la elaboración de cremas, jarabes o caramelos.
- **Cocedor de vapor:** se emplea para cocinar algunos postres y tartas con una temperatura concreta mediante vapor de agua. Existen modelos que trabajan con y sin presión.
- **Atemperador de chocolate:** se utiliza para mantener el chocolate a la temperatura adecuada de forma constante.
- **Balanza:** en pastelería es imprescindible contar con balanzas de distintas precisiones para el pesado de los ingredientes que vamos a utilizar.

Figura 1.56. Las balanzas son imprescindibles en las elaboraciones de pastelería.

MAPA CONCEPTUAL

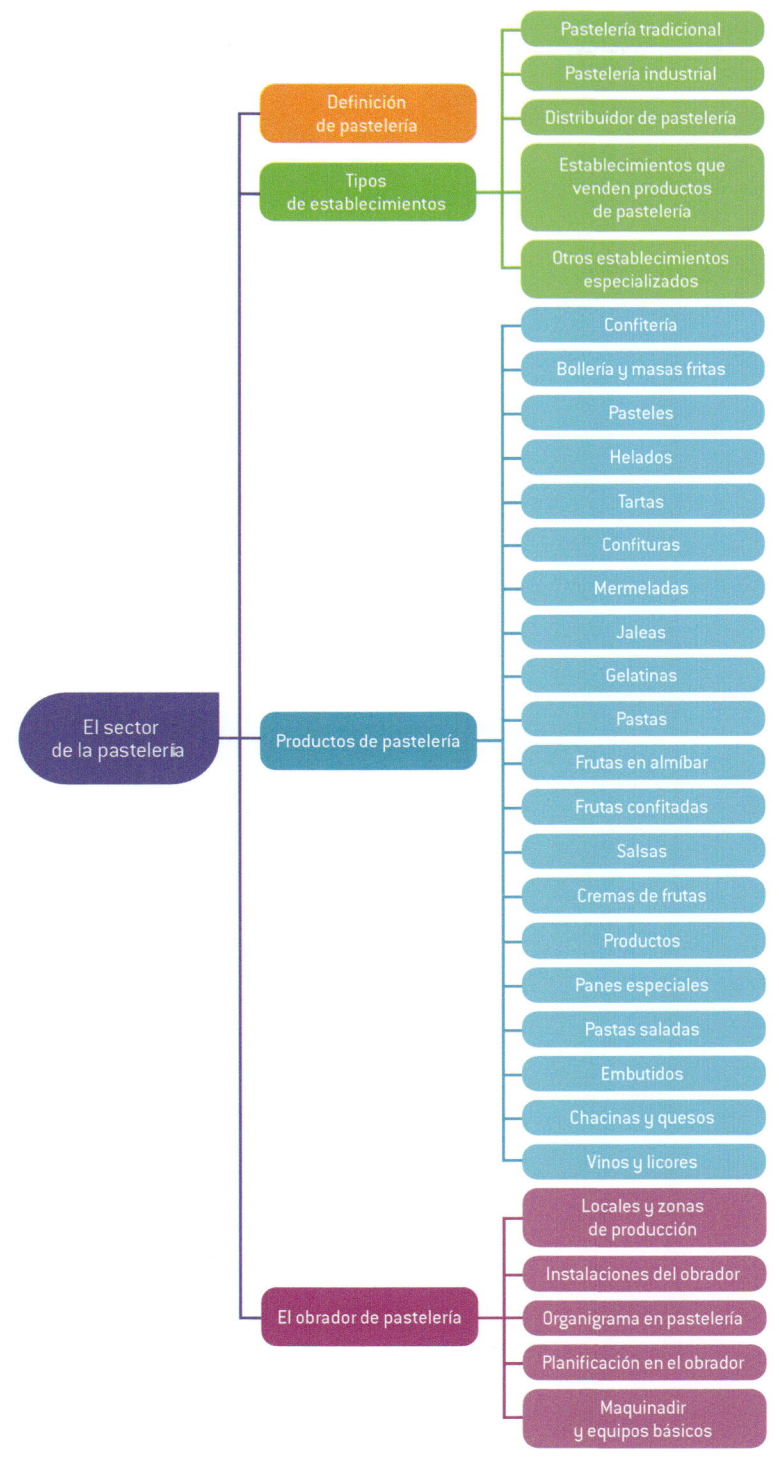

ACTIVIDADES FINALES

Marca si las siguientes afirmaciones son verdaderas o falsas:

1.1. La pastelería tradicional se elabora completamente a mano, siguiendo recetas clásicas.

☐ Verdadero.

☐ Falso.

1.2. En la pastelería industrial prima la estandarización de la calidad, el precio sobre los aspectos nutricionales y se elaboran productos con una durabilidad mayor que en la pastelería tradicional.

☐ Verdadero.

☐ Falso.

1.3. Los productos de pastelería se venden en locales muy variados como pastelerías, despachos de pan, confiterías, bombonerías o tiendas de tartas.

☐ Verdadero.

☐ Falso.

1.4. Algunos restaurantes tienen una pastelería altamente especializada que elabora todo tipo de pasteles, tartas o postres.

☐ Verdadero.

☐ Falso.

1.5. Los mazapanes y turrones son los productos de confitería más representativos.

☐ Verdadero.

☐ Falso.

1.6. Cuernos, tortellas, lazos, duquesas o el pastel de manzana son productos elaborados con masas azucaradas.

☐ Verdadero.

☐ Falso.

1.7. Las jaleas, las mermeladas y las confituras son el mismo producto que recibe nombres distintos.

☐ Verdadero.

☐ Falso.

1.8. La persona con mayor mando y responsabilidad en el obrador es el encargado.

☐ Verdadero.

☐ Falso.

1.9. La batidora/mezcladora puede tener una toma de fuerza donde acoplar otros accesorios como picadores de carne, ralladoras de queso, exprimidores, cortadores de verdura, etcétera.

☐ Verdadero.

☐ Falso.

1.10. Elegiremos el horno en función de las necesidades de cocción de los productos que vendemos en nuestra pastelería.

☐ Verdadero.

☐ Falso.

ACTIVIDADES DE COMPROBACIÓN

1.1. **Es aquella que se elabora en un obrador tradicional, de forma artesanal, en cantidades modestas, siguiendo recetas tradicionales o innovadoras:**

a) Pastelería tradicional.

b) Pastelería industrial.

c) Pastelería de vanguardia.

1.2. **Está completamente mecanizada y los procesos de fabricación están 100 % automatizados:**

a) Pastelería tradicional.

b) Pastelería industrial.

c) Pastelería de vanguardia.

1.3. **Establecimiento donde se venden pasteles, dulces o confituras:**

a) Bombonería.

b) Confitería.

c) Tienda de tartas.

1.4. **Son establecimientos donde se venden productos de panadería y pastelería, pero no tienen obrador propio:**

a) Panadería-pastelería.

b) Despacho de pan.

c) Horno.

1.5. **Son productos elaborados fundamentalmente con azúcares y que pueden llevar en su composición otros ingredientes y aditivos:**

a) Productos de bollería.

b) Productos de confitería.

c) Productos de pastelería.

1.6. Son aquellos elaborados con masa de harina, fermentada o no, cuyos ingredientes principales son harinas, aceites, agua, con o sin levadura y otros ingredientes.

a) Productos de bollería.

b) Productos de confitería.

c) Productos de pastelería.

1.7. Se trata de masas trabajadas que llevan en su composición harina, aceites o grasas y agua, con o sin sal:

a) Masas de hojaldre.

b) Masas azucaradas.

c) Masas escaldadas.

1.8. Son masas sometidas a un batido de gran volumen, tiernas y suaves, elaboradas con huevos, azúcares y harinas.

a) Masas de hojaldre.

b) Masas batidas.

c) Masas escaldadas.

1.9. Son una conserva de frutas, realizada mediante cocción de fruta en un almíbar caliente con adición de un gelificante:

a) Confituras.

b) Mermeladas.

c) Jaleas.

1.10. Son productos cuya cocción se ha interrumpido antes de su finalización, congelándose o conservándose posteriormente:

a) Productos precocidos.

b) Masas congeladas.

c) Otras masas semielaboradas.

ACTIVIDADES APLICACIÓN

1.1. Investiga a oferta gastronómica de una cadena de pastelerías.

1.2. Busca planos de distribución de cocinas de obradores de pastelería reales. Analiza la distribución de secciones y estima la cantidad de personal necesario para su gestión.

1.3. Localiza al menos a tres distribuidores de utillaje y maquinaria para pastelería. Investiga su catálogo y reflexiona sobre los precios y calidades.

1.4. Investiga la normativa sobre seguridad e higiene que rige los principios de diseño de una pastelería industrial.

1.5. Investiga en LinkedIn la trayectoria profesional de cinco pasteleros de reconocido prestigio. Reflexiona sobre su trayectoria profesional y el camino que han seguido para llegar a la cima.

ACTIVIDADES AMPLIACIÓN

1.1. Granier es una cadena de establecimientos de panadería-pastelería arraigada en el litoral mediterráneo: en https://pansgranier.com puedes comprobar la amplia variedad de la carta de productos de panadería de la cadena.

1.2. Bongard es un fabricante y distribuidor de maquinaria de pastelería: entra en https://www.bongard.es/ y visiona los vídeos de la distinta maquinaria especializada que ofrece la marca. Reflexiona sobre el tamaño, la calidad y la funcionalidad de o que has visto.

1.3. Hiperchef es un proveedor de utillaje y maquinaria para hostelería especializado en el canal *online*: entra en https://hiperchef.com y revisa su amplio catálogo. Analiza los precios en comparación con un canal de venta tradicional.

1.4. La fabricación de productos de pastelería está regulada por una estricta reglamentación técnico-sanitaria: https://www.boe.es/buscar/doc.php?id=BOE-A-1978-25633. Investiga el artículo 13, y aprende lo que dice la citada legislación acerca del transporte, empaquetado y venta de productos de pastelería.

1.5. Paco Torreblanca es uno de los pasteleros españoles con mayor prestigio internacional: en la página web https://torreblanca.net puedes analizar su oferta de productos de pastelería. Compara los precios de sus productos de alta pastelería con otros de similares características que puedes comprar en tu supermercado habitual.

CASO PRÁCTICO

Contexto:

Eres el jefe de pastelería en una tienda especializada en productos de repostería *gourmet*. La pastelería es conocida por sus exquisitos pasteles, postres y panes artesanales. La demanda ha ido en aumento, y te enfrentas al desafío de optimizar el proceso de aprovisionamiento interno para garantizar la calidad de los productos y satisfacer la creciente demanda de los clientes.

Tu objetivo es mejorar la eficiencia en el proceso de aprovisionamiento interno, desde la selección de ingredientes hasta la producción de los productos finales. Debes garantizar la frescura de los insumos, minimizar el desperdicio de ingredientes y optimizar la gestión del inventario.

Reto:

- Describe la oferta de productos de la pastelería. Utiliza para ello la clasificación de productos explicada en esta unidad.

- Describe la distribución de zonas del obrador de tu pastelería. Especifica en qué secciones se elaboran los productos de tu oferta.

- Dibuja el organigrama del equipo de pastelería. Describe, para cada puesto, las funciones y responsabilidades detallando quién es el responsable de la elaboración de qué productos.

2. Las materias primas en pastelería

Contenidos

Introducción

INTRODUCCIÓN

Cuando pensamos en materias primas utilizadas en pastelería son pocas las que nos vienen a la mente: harina, grasa (aceite o mantequilla), huevo, azúcar, chocolate, leche y levadura. Con estos ingredientes básicos seguro que se nos ocurren infinidad de recetas espectaculares, diferentes entre sí, pero cada cual más sabrosa.

Parece sencilla pero, por el contrario, seguro que todos hemos oído alguna vez que la pastelería es más difícil que la cocina. Algunos de los motivos que nos invitan a pensar esto son que la pastelería es:

- **Menos intuitiva,** tenemos que saber exactamente qué debemos hacer en el momento exacto.

- **Más técnica**, simplemente un mal movimiento en un batido o un mezclado pueden condicionar el resultado final de nuestro producto.

- **Más precisa,** porque pasarnos o quedarnos cortos con un ingrediente puede dar al traste con nuestra elaboración.

Trabajamos con pocos ingredientes, pero es más difícil que la cocina y los resultados son espectaculares… ¿Cómo se entiende esto?

Una de las claves es que la pastelería exige un conocimiento profundo de las materias primas con las que estamos trabajando. Aunque hablemos de harina, azúcar, grasa o chocolate, de cada uno de ellos existen muchos tipos distintos,

Figura 2.1. La pastelería es más técnica y precisa, pero menos intuitiva que la cocina.

que, aun teniendo la misma apariencia, nos aportan unas propiedades culinarias radicalmente distintas. Saber conocer, diferenciar y apreciar las materias primas con las que trabajamos en pastelería es un aspecto crítico en la calidad de nuestro producto final.

2.1. IDENTIFICACIÓN DE LAS MATERIAS PRIMAS PARA UNA CORRECTA RECEPCIÓN

Si preguntáramos a la gente cuáles son los ingredientes básicos de pastelería, la respuesta que se repetiría con más frecuencia es: harina, levadura, huevo, azúcar, aceite, leche y fruta. Pueden parecer pocos, pero lo cierto es que de cada uno de ellos encontramos numerosas variedades, todas ellas con sus particularidades que las hacen apropiadas o no a la utilización en cada una de nuestras elaboraciones.

2.1.1. Harinas

Caracterización: las harinas son el producto de la molturación de los granos de cereales y leguminosas. Cuando hablamos de harina, se entiende que se trata de harina de trigo. Diferenciamos entre: harinas blancas, integrales, enriquecidas, acondicionadas o mezcladas.

Aspectos nutricionales: las harinas de cereales y sus productos derivados son la base energética de la alimentación. Están compuestas fundamentalmente de hidratos de carbono (65 %-75 %) en forma de almidón, pero también de proteínas (especialmente gluten, con la excepción del arroz y el maíz) y de una cierta cantidad de grasa. También son ricas en vitaminas del complejo B y se consideran una buena fuente de fibra, especialmente las integrales.

Figura 2.2. Los cereales son, en cualquier parte del mundo, la base de la alimentación humana.

Alimentos más representativos:

- **Harinas de trigo:** entre las que encontramos:

  - **Harina de fuerza:** tiene una alta proporción de gluten, lo que le permite retener gran cantidad de agua. Esta propiedad le hace posible formar masas consistentes de gran elasticidad que pueden aumentar considerablemente su tamaño.

  - **Harina débil:** tiene una proporción de gluten muy baja. Las masas elaboradas con este tipo de harina tienen poca elasticidad y no panifican bien.

  - **Harina de salvado (integral):** se trata de una harina completa, que contiene gran cantidad de salvado en su composición. Es una harina fuerte, de color oscuro y muy nutritiva.

Figura 2.3. Las harinas, aunque parecidas entre sí, tienen propiedades muy diferentes.

  - **Harina leudada:** es una harina floja que lleva incorporado un impulsor (levadura química) y sal. Se trata de una harina muy homogénea, de utilización rápida para la elaboración de bizcochos y otras masas.

- **Harina de maíz:** tiene una gran cantidad de almidón, pero al carecer totalmente de gluten no consigue aglutinar las masas por sí misma.

- **Harina de centeno:** después del trigo, es la harina más utilizada en la elaboración de panes. Al ser pobre en gluten, es habitual mezclarla con harina de fuerza (de trigo). Los panes elaborados con harina de centeno resultan densos y tienen un sabor muy característico.

Figura 2.4. Las harinas de garbanzos son una alternativa a las harinas con gluten.

- **Harina de soja:** es una harina rica en proteínas, que aporta textura esponjosa a las masas.

- **Harina de garbanzo:** de textura granulada. No contiene gluten, lo que la convierte en una buena opción para las elaboraciones destinadas a personas intolerantes a esta proteína (celíacas).

- **Harina de arroz:** es una harina de gran calidad que no contiene gluten en su composición.

- **Tapioca:** se trata de harina de mandioca, que se emplea como espesante y en rellenos de pasteles y tartas.

2.1.2. Grasas

Caracterización: las grasas comestibles son los productos de origen animal o vegetal cuyos constituyentes principales son glicéridos naturales de los ácidos grasos. Los aceites comestibles son líquidos a temperatura ambiente y resultan de la extracción de frutos o semillas oleaginosas. Las grasas son sólidas a temperatura ambiente y podemos diferenciar entre grasas vegetales o animales. Además existen las llamadas grasas *trans,* que son el resultado de la hidrogenación de aceites vegetales o aceites de animales marinos y son sólidas a temperatura ambiente.

Figura 2.5. Las grasas comestibles son de origen animal o vegetal.

Aspectos nutricionales: son alimentos de un alto contenido energético. Distinguimos entre grasas saturadas e insaturadas en función de la composición de sus ácidos grasos. Las grasas saturadas elevan el nivel de colesterol LDL (malo) en sangre, lo que contribuye a su vez a desarrollar enfermedades cardiovasculares, mientras que las grasas insaturadas lo reducen. Las grasas animales son ricas en ácidos grasos saturados. Las grasas vegetales (con excepción de las de coco y palma), así como también las grasas que tienen su origen en animales marinos, son ricas en ácidos grasos insaturados. Por otro lado, el aceite de oliva aporta vitaminas A y E. A su vez, la mantequilla y la margarina son ricas en vitaminas A, D, E y K.

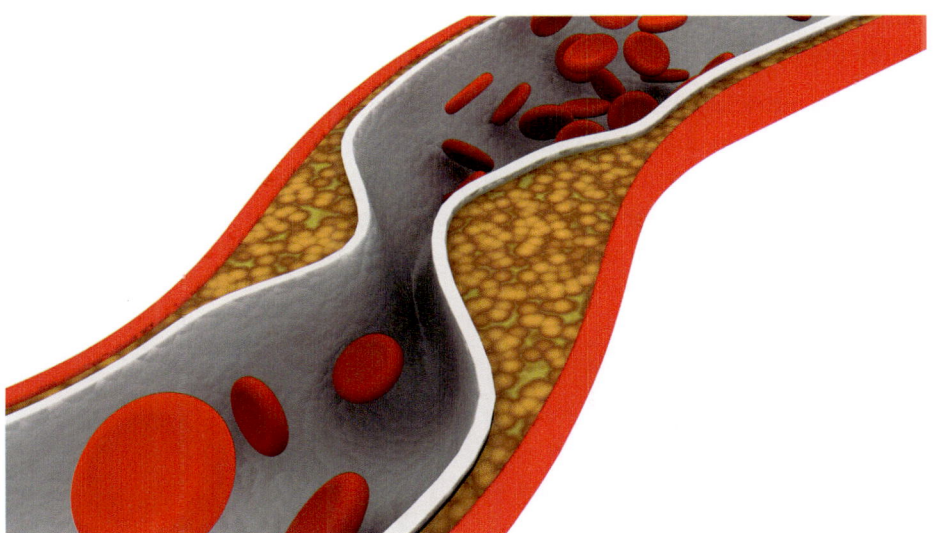

Figura 2.6. El colesterol malo (LDL), presente en las grasas saturadas, obstruye los vasos sanguíneos.

Alimentos más representativos: entre los que distinguimos:

- **Aceites:** los aceites son ampliamente utilizados en pastelería. En la pastelería tradicional predomina el uso de los aceites de oliva y girasol, mientras que en la pastelería industrial ha sido más frecuente la utilización de aceites de palma y coco, más baratos, pero con propiedades nutricionales mucho peores.

- **Mantequilla:** se elabora a partir de la leche. Aporta un gran sabor a las elaboraciones. Tiene una buena consistencia, pero se deshace con facilidad si no se conserva a una temperatura adecuada.

- **Margarina:** se trata de una grasa comestible elaborada a partir de un aceite vegetal sometido a un tratamiento de hidrogenación. Tiene una consistencia peor que la mantequilla y un sabor menos intenso.

- **Manteca de cerdo:** aporta gran sabor y tiene una buena consistencia, manteniéndose sólida a temperatura ambiente. Liga muy bien con la harina, pero da un sabor fuerte.

2.1.3. Lácteos y derivados

Caracterización: es el producto íntegro, no alterado ni adulterado y sin calostros, del ordeño higiénico, regular, completo e ininterrumpido de hembras mamíferas domésticas sanas y bien alimentadas. Cuando hablamos solamente de leche, nos referimos a la leche de vaca, la más utilizada en la alimentación humana. También se consumen leches de oveja, cabra, búfala o camella, especialmente transformadas en quesos, yogures y otros productos lácteos.

Aspectos nutricionales: la leche es uno de los alimentos más completos que conocemos. Tiene una cierta cantidad de azúcar (lactosa), de proteínas de alto valor biológico, de grasas (saturadas), es fuente de vitaminas (A y D) y rica en minerales (calcio y fósforo). Los derivados lácteos tienen los mismos nutrientes en proporciones distintas.

Figura 2.7. Los productos lácteos son nuestra fuente principal de calcio en la dieta.

Alimentos más representativos: entre los que encontramos:

- **Leches:** de vaca, cabra, oveja, búfala o camella. La leche se comercializa envasada, pasteurizada o esterilizada. En cuanto al contenido en grasa tenemos: leche entera, semidesnatada o desnatada. La encontramos líquida o concentrada (evaporada, condensada o en polvo).

- **Leches fermentadas:** yogur, yogur líquido y kéfir.

- **Leches cuajadas:** cuajada o quesos. Los quesos los podemos clasificar según siete criterios distintos (materia grasa, consistencia de la pasta, período de maduración, tipo de leche utilizada, intensidad del sabor o intensidad fresca o dulce). Vienen presentados enteros, en cuñas, en lonchas, rallados, fundidos o para untar. El más utilizado en pastelería es el queso crema que, como su nombre indica, tiene una textura cremosa.

- **Helados y otros derivados lácteos:** polos, helados, tartas heladas, batidos, natas, leches funcionales, flanes, etc. Diferenciamos las natas en función de su contenido en materia grasa (MG): doble nata (50 % MG), nata (30 % ce MG) y nata delgada (18 % de MG). También encontramos en el mercado nata fresca (40 % de grasa) y nata agria (20 % de grasa), que tienen un sabor ácido procedente de fermentaciones ácido-lácticas.

2.1.4. Ovoproductos

Caracterización: se entiende por huevo el de la gallina, que es el más habitual utilizado en la alimentación humana, aunque también se usan huevos de otras aves. Provienen de la avicultura, en pequeña o gran escala, y son uno de los alimentos más nutritivos que se conocen. También tenemos ovoproductos pasteurizados, líquidos o en polvo, completos o separados.

Figura 2.8. Los huevos más consumidos por el ser humano son los de gallina.

Aspectos nutricionales: los huevos son uno de los alimentos más nutritivos que existen. Tenemos por un lado la clara, compuesta por ovoalbúmina, que es proteína de un alto valor biológico. Por otro lado, la yema es rica en grasa (lecitina), vitaminas liposolubles (A, D y E), vitaminas del grupo B, y minerales como el fósforo, el hierro o el azufre.

Figura 2.9. Los huevos se distinguen comercialmente por su tamaño.

Alimentos más representativos: distinguimos entre:

- **Huevo fresco de gallina:** XL (más de 73 g), L (de 63 g a 73 g), M (de 53 g a 63 g), S (53 g o menos).

- **Ovoproductos pasteurizados:** huevo líquido, yema líquida, albúmina líquida, yema en polvo y albúmina en polvo.

2.1.5. Frutas

Caracterización: son el fruto, la inflorescencia, la semilla o partes carnosas de órganos florales que hayan alcanzado el grado de madurez. Diferenciamos entre pomos, bayas, frutas tropicales y subtropicales y frutas silvestres. También diferenciamos entre frutas climatéricas (capaces de seguir madurando separadas de la planta) y no climatéricas. Por su capacidad cromática, aromática y su sabor se utilizan en pastelería en cremas, salsas, helados y tartas.

Figura 2.10. Las frutas se dividen en pomos, bayas y frutas tropicales y subtropicales.

Aspectos nutricionales: tienen un alto contenido en azúcares (glucosa, fructosa y sacarosa) que le confieren su sabor dulce característico. Además, son ricas en vitaminas (A, C, B1, B2, B6 y ácido fólico) y contienen una cierta cantidad de minerales. Asimismo, son una buena fuente de fibra (que se encuentra especialmente en la piel). Es mejor consumir las frutas crudas, ya que conservan todas sus propiedades, y en la medida de lo posible con piel.

Alimentos más representativos: entre los que encontramos:

- **Pomos:**
    - **De semilla:** manzana, pera y membrillo.
    - **De hueso:** albaricoque, melocotón, ciruela, guinda y cereza.

- **Bayas:** zarzamora, fresa, arándano azul, frambuesa, grosella roja, grosella negra, arándano rojo y uva.

- **Frutas tropicales y subtropicales:**

  - **Cítricos:** naranja, toronja, *kumquat,* mandarina, pomelo, naranja amarga, limón y cidra.

  - **Otras:** piña, aguacate, plátano, chirimoya, dátil, higo, higo chumbo, guayaba, caqui, kiwi, lichi, mango, melón, sandía, papaya, fruta de la pasión.

Figura 2.11. Las frutas son sinónimo de vitaminas.

2.1.6. Chocolates y coberturas

Caracterización: el cacao es la semilla de la planta *Theobroma cacao L*, separada, fermentada y desecada. El chocolate es la mezcla homogénea de cacao en polvo y azúcar pulverizado con o sin manteca de cacao. Tenemos chocolate con leche, con frutos secos, con cereales o con frutas. Entendemos por cobertura de chocolate a aquel chocolate con un alto contenido en manteca de cacao (entre el 32 % y el 39 %), que le confiere un mejor brillo y una textura más rígida, y con un sabor más cremoso. Es el tipo de chocolate más utilizado en repostería.

Figura 2.12. El cacao llegó a Europa después del descubrimiento de América.

Aspectos nutricionales: el cacao está compuesto en su mayoría por grasa (54 % de manteca de cacao). Tiene una cierta cantidad de proteínas y almidón (entre el 15 % y el 20 %), un bajo contenido en agua y es pobre en azúcares. Los chocolates por su parte tienen una proporción variable en función de su composición en cacao, azúcar y otros ingredientes como leche. No obstante, podemos decir que es muy energético, con un alto contenido en grasas y azúcar. Los derivados del cacao se consideran estimulantes por tener en su composición teobromina.

Alimentos más representativos: entre los que encontramos:

- **Pasta de cacao:** se obtiene por la trituración de los granos limpios y tostados de cacao. Está compuesta por la manteca de cacao (parte grasa) y la torta de cacao.

- **Manteca de cacao:** es la grasa del cacao. Se obtiene del refinado y prensado en caliente de la pasta de cacao.

- **Torta de cacao:** es el producto sobrante de la obtención de la manteca de cacao a partir de la pasta.

- **Polvo de cacao azucarado:** es la mezcla de cacao en polvo con azúcar.

- **Crema de cacao:** es el producto cremoso resultante de la mezcla de cacao con otros ingredientes como leche, frutos secos y azúcar.

- **Cobertura de chocolate negro:** su contenido en pasta de cacao oscila entre el 45 % y el 99 %. También está compuesta por manteca de cacao, azúcar y estabilizantes.

- **Cobertura de chocolate con leche:** contiene entre un 3 % y un 45 % de pasta cacao, además de manteca de cacao, azúcar, estabilizantes y leche.

- **Cobertura de chocolate blanco:** está compuesta mayoritariamente por manteca de cacao, además de azúcar, estabilizantes y leche. No contiene pasta de cacao.

Figura 2.13. La manteca es la grasa del cacao.

2.1.7. Frutos secos

Caracterización: son aquellos frutos cuya parte comestible posee menos del 50 % de agua. En este grupo encontramos frutos secos de cáscara dura o frutas desecadas. Normalmente tienen un origen arbóreo, pero también provienen de plantas como el girasol o el cacahuete que, aunque pertenece a la familia de las leguminosas, gastronómicamente se considera fruto seco.

Aspectos nutricionales: los frutos secos tienen en su mayoría menos del 10 % de agua, con un 20 % de proteínas y un 50 % de lípidos. Son alimentos muy energéticos. Por su alta concentración de ácidos grasos insaturados participan de forma activa en la regulación del colesterol. También contienen una gran cantidad de vitaminas y minerales.

Alimentos más representativos: entre los que distinguimos:

- **Frutos secos:** nuez de Brasil, cacahuete, avellana, pistacho, almendra, nuez, anacardo, castaña, coco, nuez de macadamia, pacana, pipa de girasol o piñón.

- **Frutas secas:** ciruelas pasas, dátiles, higos secos, orejones y uvas pasas.

Figura 2.14. Los frutos secos se comercializan crudos, tostados o fritos.

2.1.8. Azúcares y varios

Caracterización: los azúcares son hidratos de carbono simples, obtenidos por extracción o cristalización de jugos vegetales que tienen como propiedad principal su sabor dulce y su capacidad para endulzar otros alimentos. Si hablamos de azúcar, o azúcar de mesa, nos referimos exclusivamente al producto obtenido industrialmente de la caña de azúcar o de la remolacha azucarera, compuesto por sacarosa. También son muy usados la glucosa, el azúcar invertido (mezcla de glucosa y fructosa), la maltosa, la lactosa y la fructosa. Por su parte, la miel es el producto natural elaborado por la abeja a partir del néctar de las flores. Es el edulcorante más antiguo conocido, compuesto por la solución de agua y azúcares, especialmente fructosa y glucosa.

Figura 2.15. El azúcar blanco se extrae de la caña de azúcar o de la remolacha azucarera.

Figura 2.16. Los azúcares aportan calorías vacías.

Aspectos nutricionales: los azúcares son alimentos energéticos. Dado que su consumo no está relacionado con el de otros nutrientes esenciales, se dice que aportan calorías vacías. Es importante distinguir entre los azúcares de absorción rápida (glucosa y sacarosa) de los de absorción lenta (fructosa). La miel por su parte, tiene además de un alto contenido en glucosa y fructosa, un contenido modesto de vitaminas y minerales.

Alimentos más representativos: entre los que destacamos:

* **Azúcar blanco:** se trata del azúcar refinado obtenido de la extracción de la caña de azúcar o de la remolacha azucarera.

* **Azúcar moreno:** es un azúcar con presencia de melaza, lo que le da su color característico.

* **Azúcar glasé:** consiste en un azúcar triturado en partículas muy finas. Su particularidad es que se disuelve rápidamente, incluso a bajas temperaturas.

* **Azúcar avainillado:** cuando se añade al azúcar blanco esencia de vainilla.

Figura 2.17. Los azúcares más consumidos son el blanco, el moreno y el glasé.

- **Azúcar líquido:** se consigue a partir de una solución líquida de azúcar y agua.

- **Melaza:** es el jarabe procedente de la extracción del azúcar de caña que no se ha podido cristalizar y que todavía tiene una alta proporción en azúcar.

- **Azúcar *fondant*:** también conocido como pastillaje. Se obtiene por el amasado de un jarabe de sacarosa, glucosa y agua cocido a temperaturas de entre 100 °C y

Figura 2.18. La pasta de azúcar o *fondant* se utiliza en la elaboración de tartas.

120 °C. Se comercializa blanco o con distintos colores y aromas.

- **Azúcar invertido:** se consigue por la separación química de la molécula de sacarosa en los dos monosacáridos que la componen (glucosa y fructosa). Tiene la ventaja de que no recristaliza durante la congelación.

- **Glucosa:** forma parte de la composición de la sacarosa y el almidón, pero es poco frecuente encontrarla por separado en la naturaleza. Se logra a partir de distintos almidones, mediante el proceso de sacarificación. Al igual que el azúcar invertido, no recristaliza durante la congelación.

- **Fructosa:** es el azúcar mayoritario en las frutas. Se extrae de estas y se comercializa granulado.

- **Miel:** de romero, azahar, girasol, eucaliptus, retama, cantueso, brezo, madroño, castaño, milflores, etcétera.

2.1.9. Levaduras y otros aditivos

Caracterización: por un lado tenemos las levaduras, que son seres vivos microscópicos que producen fermentaciones en nuestras elaboraciones y, por otro, los aditivos. Estos últimos son sustancias que normalmente no se consumen como alimentos ni tampoco como ingrediente básico. Se adicionan al alimento en alguna de sus fases de elaboración al formar parte de él o cambiar sus características.

Aspectos nutricionales: las levaduras son ingredientes ricos en vitaminas del grupo B y minerales. Los aditivos por sí mismos carecen de valor nutricional alguno.

Figura 2.19. La levadura fresca o panadera está formada por microorganismos vivos.

Alimentos más representativos:

- **Levaduras:** entre las que destacamos:

    - **Levadura fresca o prensada:** las levaduras son hongos capaces de fermentar los azúcares presentes en los alimentos. La levadura más conocida, y más utilizada en panadería y pastelería, es la *Saccharomyces cerevisiae*. Produce una fermentación alcohólica, que da lugar a la aparición de dióxido de carbono (CO_2) gaseoso y alcohol. El CO_2 airea las masas, mientras que el alcohol aporta propiedades aromáticas y se evapora posteriormente con el horneado. Al tratarse de seres vivos se ven influenciadas por la temperatura, inactivándose con la refrigeración y muriendo a altas temperaturas.

    - **Levadura seca o granulada:** es la levadura fresca deshidratada, lo que mejora su conservación.

- **Impulsores:** conocidos como «levaduras químicas». Se trata de sales que al disolverse en un líquido desprenden gas, lo que provoca el aireado de las masas. Los más conocidos son el bicarbonato sódico, el cremor tártaro (bitartrato potásico) y el carbonato amónico.

- **Edulcorantes:** entre los que distinguimos:

    - **Isomalt:** se trata de un edulcorante sintético fabricado a partir del azúcar como materia prima. Tiene el mismo aspecto que el azúcar y el mismo poder edulcorante, pero no produce caries, aporta la mitad de calorías y no influye en los niveles de glucosa en sangre.

    - **Polialcoholes:** confieren sabor dulce a los alimentos mediante el tratamiento de la sacarosa o el almidón. Tienen un bajo contenido calórico y son de absorción lenta, pero no pueden utilizarse en grandes cantidades al poseer un cierto efecto laxante.

    - **Otros edulcorantes:** son completamente sintéticos. Tienen un gran poder edulcorante, no aportan calorías, pero carecen de otras propiedades culinarias de los azúcares. Los más conocidos son el aspartamo, acesulfamo K, la sacarina y el ciclamato.

Figura 2.20. La mayoría de edulcorantes dan sabor dulce,
pero carecen del resto de propiedades de los azúcares.

- **Colorantes:** pueden ser de origen natural o sintético, se utilizan para potenciar o cambiar el color de nuestras elaboraciones. Normalmente están muy concentrados y se comercializan en polvo, en pasta o como líquidos.

- **Aromas:** pueden tener un origen natural o sintético. Se utilizan para mejorar el sabor de las elaboraciones o para dar un aroma característico: anís, canela, hinojo, jengibre, menta, nuez moscada, pimienta, naranja, regaliz, vainilla, rosa, violeta, coco, etcétera.

- **Gelificantes:** entre los que encontramos:

  - **Gelatina en polvo o en hojas:** de origen animal (cartílagos de animales o pescados) son tratadas para eliminar cualquier resto de olor y sabor.

  - **Pectinas:** procedente de la piel y las pepitas de frutas y vegetales.

  - **Otros gelificantes:** agar-agar, gelburguer, alginato, goma xantana, etcétera.

Figura 2.21. Las hojas de gelatina son el gelificante más utilizado.

2.2. ANÁLISIS DE LAS CARACTERÍSTICAS ORGANOLÉPTICAS DE LAS MATERIAS PRIMAS Y/O PRODUCTOS

Las propiedades organolépticas de los alimentos se deben estudiar, en primer lugar, para saber identificar aquellos que están en las condiciones de seguridad adecuadas y, en segundo, para saber diferenciar los mejores productos.

2.2.1. Harinas

Las harinas deben ser suaves al tacto y no estar apelmazadas. Poseen un color característico (de blanco a amarillento, en función del tipo de harina). Estarán exentas de olores extraños como a mohos o sabores a rancio, amargos o dulces.

2.2.2. Grasas

Los **aceites** son líquidos a temperatura ambiente, mientras que las **grasas** son sólidas. Su aspecto será limpio, con un brillo característico. En función del tipo de grasa tienen un sabor y color particulares. Con una acidez variable, en ningún caso debemos encontrar sabores a rancio. El color de las grasas presenta tonos blancos, amarillos o verdes.

Figura 2.22. El color y el aroma del aceite son sus propiedades más apreciadas.

2.2.3. Lácteos y derivados

La leche es líquida y, en función de su contenido en materia grasa, es de un color que va del blanco al amarillento, lo que también hará variar su viscosidad.

Presenta un olor característico, diferente en función del origen de la misma (vaca, oveja o cabra). Tiene un ligero sabor dulce debido a su contenido en lactosa. La leche alterada tiene un sabor agrio, con una cierta acidez y un olor desagradable.

Los derivados lácteos (quesos, yogures y natas) son de difícil caracterización debido a su amplia variedad. En cualquier caso, son de textura variable y tienen un aroma y sabor característicos en función de la leche con la que han sido elaborados y el método de elaboración empleado.

Figura 2.23. El aroma, color, textura y sabor de los quesos es cambiante en función de su tipo de elaboración.

2.2.4. Ovoproductos

Cuando el huevo es fresco presenta las siguientes propiedades: olor suave, exento de olores desagradables; color de la yema intenso, mientras que la clara es transparente, ligeramente amarillenta; en la clara, se aprecia claramente una diferencia entre la parte más densa y la menos densa, quedando la yema en el centro de la misma.

Cuando el huevo es viejo puede presentar olores desagradables a húmedo, moho o podrido. La densidad de la clara disminuye mientras que su color se vuelve amarillento.

Estas propiedades son aplicables tanto a los huevos frescos como a los ovoproductos pasteurizados.

2.2.5. Frutas

Las frutas han de estar en el momento óptimo de maduración para mostrar todas sus propiedades. Debido a su contenido en azúcares tienen un sabor dulce característico. Las frutas verdes tienen un cierto sabor amargo por la presencia de taninos, mientras que las demasiado maduras presentan un sabor desagradable. Los pigmentos de su piel les confieren un color intenso, con un brillo característico debido a la presencia de ceras naturales. En general, todas las frutas tienen componentes volátiles con un aroma afrutado característico en función del tipo de fruta. Su textura es tersa (con un cierto sonido a crujiente), ablandándose a medida que avanza la maduración.

Cuando las frutas se estropean, aparecen mohos en su superficie que además se pueden extender con facilidad a otras frutas sanas.

Figura 2.24. Las frutas maduras muestran al máximo sus propiedades organolépticas.

2.2.6. Chocolates y coberturas

Las propiedades de los chocolates cambian en función de su composición (contenido en cacao, azúcar, leche o frutos secos). Los chocolates tienen un color marrón brillante y uniforme, más o menos oscuro. Su textura es firme, con un sonido quebradizo. Poseen un aroma a cacao más o menos intenso. Su sabor es amargo, con un cierto dulzor. Debido a su alto contenido en grasas, los chocolates pueden enranciarse con facilidad. También sabemos que están deteriorados si no tienen su brillo característico, presentan burbujas o manchas, o si se quiebran con facilidad.

Figura 2.25. El buen chocolate es apreciado por su brillo, aroma, textura y sabor.

2.2.7. Frutos secos

Por su bajo contenido en agua, los frutos secos tienen una textura crujiente. Su color en crudo es blanco-amarillento debido a su alto contenido en grasas, pero tostados presentan un color dorado característico. Cuando son frescos tienen un sabor particular, pero cuando envejecen aparecen sabores a rancio que debemos evitar.

2.2.8. Azúcares y varios

Los azúcares, como su nombre indica, son de sabor dulce, no tienen un aroma pronunciado y son de textura cristalina, por lo tanto crujientes (especialmente, el azúcar moreno). Los jarabes son líquidos viscosos de sabor dulce. Los caramelos tienen un sabor característico muy agradable, una gran viscosidad y un típico color marrón. La miel fresca es dulce, líquida a temperatura ambiente, aunque con una gran viscosidad, y un color, sabor y aroma característicos en función de la variedad de la flor a partir de la que ha sido elaborada. Cuando la miel cristaliza pierde propiedades aromáticas y se produce un cambio en su color y su textura.

Figura 2.26. El azúcar, en función de su tipo, tiene distintos colores, aromas y texturas.

2.3. DISTRIBUCIÓN DE LAS MATERIAS PRIMAS SEGÚN SU NATURALEZA (PERECEDERA O NO PERECEDERA) EN ALMACENES, CÁMARAS DE FRÍO O CONGELADORES

Como no podemos prever con exactitud la cantidad de materias primas que precisaremos cada día, lo más habitual es que hagamos pedidos amplios que cubran nuestras necesidades de varias jornadas de trabajo.

Con el almacenamiento tenemos que conseguir que los alimentos sigan lo más frescos y seguros posible hasta el momento de su elaboración y venta, pero además tenemos que organizarlos pensando en cómo y cuándo se van a utilizar después.

Figura 2.27. Existen medidores de humedad ambiente analógicos o digitales.

2.3.1. Condiciones generales de almacenamiento

Existen unas condiciones de almacenamiento que son comunes para todo tipo de alimentos, independientemente de si este se va a realizar en la zona de cámaras o en el economato y son las siguientes:

- **Humedad:** una humedad demasiado elevada contribuye al crecimiento de microorganismos, especialmente mohos, por lo que los alimentos se conservarán mejor en espacios con baja humedad relativa.

© Ediciones Paraninfo

- **Ventilación:** una ventilación adecuada contribuye a que el aire no se estanque, que no se acumule humedad y que el espacio permanezca fresco. Además, la ventilación es especialmente importante en la refrigeración de los alimentos dentro de las cámaras. Evitaremos sobrecargar el economato y las cámaras para que la ventilación sea adecuada.

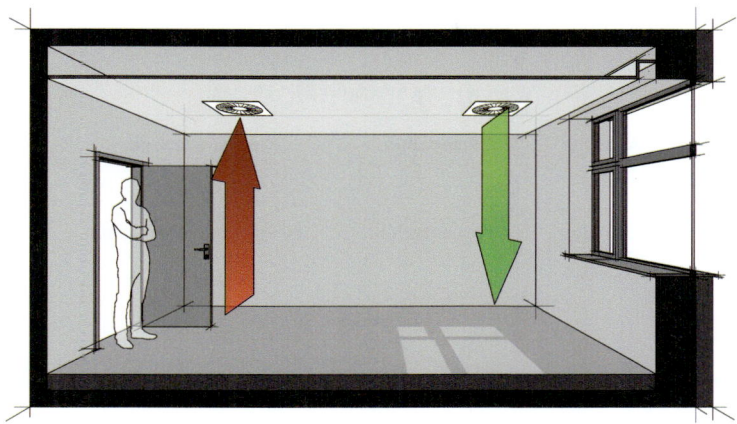

Figura 2.28. La ventilación es esencial en el almacenamiento de los alimentos.

- **Iluminación:** la luz puede acelerar la degradación de los alimentos, por lo que es importante que los almacenemos en lugares oscuros. La iluminación de estos espacios será blanca y de una intensidad adecuada que permita ver con facilidad la suciedad y las alteraciones de los alimentos.

- **Envasado:** los envases de los alimentos son necesarios, ya que ayudan a protegerlos de golpes, suciedad, polvo o contaminaciones cruzadas, además de facilitar el transporte. Las cajas de cartón o madera se pueden utilizar para transportar alimentos si no contactan de forma directa con ellos (cuando hay un envasado previo de estos), pero no se pueden introducir en cámaras frigoríficas o en el economato, ya que son materiales porosos que absorben humedad.

Figura 2.29. Los envases protegen los alimentos de golpes, suciedad o polvo.

- **Etiquetado:** todos los alimentos que almacenemos en nuestro estableci-miento estarán perfectamente etiquetados con el fin de mantener su infor-mación obligatoria y asegurar su trazabilidad. Aquellos alimentos que por cuestiones operativas hayamos fraccionado, llevarán una etiqueta elabo-rada por nosotros mismos que permita identificar de forma inequívoca las características del alimento en cuestión. En la Figura 2.30 se muestra un ejemplo de etiqueta identificativa personalizada.

ETIQUETA IDENTIFICATIVA				
Código	**Alimento**	**Proveedor**	**Fecha recepción**	**Albarán**
Tª recepción	**Cantidad**	**Presentación**	**Fecha duración máxima**	**Lote**
Evento				

Figura 2.30. Etiqueta identificativa personalizada.

- **Rotación de *stocks* (norma FIFO):** con el fin de dar salida a los productos almacenados dentro de su período de durabilidad, existe una norma de ro-tación de *stocks,* llamada FIFO por sus siglas en inglés *(First In, First Out)*, mediante la cual los alimentos que entren en el economato o cámaras en primer lugar serán los primeros en salir. Cuando guardemos los alimentos, lo haremos de tal forma que facilitemos la rotación de *stocks.*

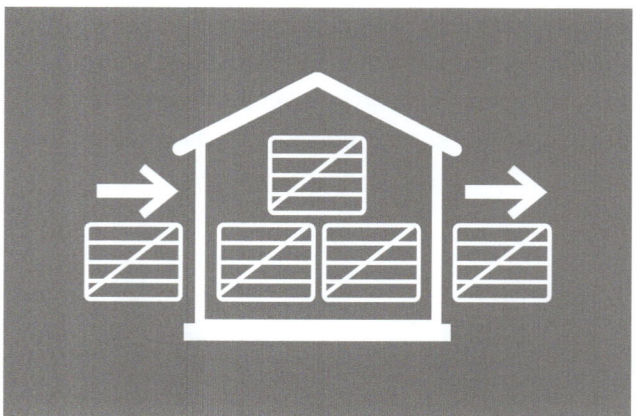

Figura 2.31. Lo primero que entre en el almacén será lo primero en salir.

- **Almacenamiento en estanterías:** para facilitar la limpieza y el control de plagas está prohibido almacenar alimentos directamente en el suelo. Utilizaremos estanterías cuyo primer estante esté a una altura adecuada que permita limpiar por debajo (aproximadamente 20 cm-30 cm), separadas de la pared, con estantes de plástico desmontables que permitan la circulación del aire.

- **Incompatibilidades:** en aquellos espacios donde se almacenan alimentos, no se puede guardar nada que no sea un alimento. Es necesario que tengamos almacenes independientes para utillaje y especialmente, por su riesgo de contaminación, para productos de limpieza.

2.3.2. Condiciones específicas de almacenamiento de alimentos perecederos en zona de cámaras (de refrigeración y congelación)

- **Temperatura:** cada alimento necesita una temperatura óptima de conservación, ya que una temperatura demasiado elevada puede suponer un riesgo sanitario y una temperatura demasiado baja puede producir en ciertos alimentos quemaduras por frío. Si en nuestro establecimiento tenemos varias cámaras, podemos regularlas a temperaturas distintas en función del tipo de alimento. En caso contrario, la temperatura de referencia será la de aquellos alimentos que por su seguridad necesiten más frío. En la Tabla 2.1 se muestra una tabla con las temperaturas idóneas de almacenamiento en cámaras:

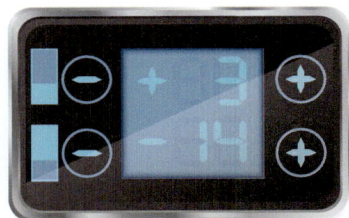

Figura 2.32. Las cámaras tendrán termómetro que indique de forma precisa su temperatura.

Tabla 2.1. Temperaturas idóneas de almacenamiento en cámaras

ALIMENTO	TEMPERATURA
Cualquier producto congelado y ultracongelado.	−18 °C
Pescados y mariscos frescos.	1 °C a 2 °C
Carne (incluimos carnes rojas, aves de corral, conejos y carne de caza).	1 °C a 4 °C
Productos lácteos (yogur, kéfir, crema, nata y queso fresco).	4 °C
Comidas refrigeradas.	4 °C
Frutas y verduras frescas.	5 °C a 8 °C

- **Orden de alimentos en las cámaras:** las cámaras tienen que estar ordenadas y los alimentos agrupados por categorías para evitar contaminaciones cruzadas, especialmente en lo que se refiere a alimentos crudos y a alimentos elaborados. En la medida de lo posible la separación será estricta: utilizaremos cámaras diferentes o cuando menos compartimentadas. En aquellos establecimientos pequeños en los que por cuestiones logísticas no podamos tener tantas cámaras, los alimentos, perfectamente envasados, los separaremos por estantes. En los superiores guardaremos siempre los alimentos elaborados. En los inferiores, las frutas y otros vegetales. En los estantes centrales situaremos el resto de alimentos de forma organizada.

- **Rotación de producto terminado (norma FEFO):** en las cámaras no solo vamos a guardar materias primas crudas, también almacenaremos productos terminados, listos para su venta. Existe una norma de rotación de estos productos, llamada FEFO por sus siglas en inglés *(First End, First Out)*, mediante la cual tenemos que darle prioridad en la salida a aquellos alimentos que se hubieran terminado en primer lugar. Facilitaremos la rotación de *stock* al ordenar adecuadamente los productos terminados en las cámaras.

Figura 2.33. En la zona de cámaras también guardamos productos terminados.

2. LAS MATERIAS PRIMAS EN PASTELERÍA

2.3.3. Condiciones específicas de almacenamiento en economato

Cumpliendo con las condiciones generales que hemos explicado con anterioridad, el factor específico más importante de almacenamiento en economato es la temperatura. Aunque en el economato guardemos alimentos no perecederos que no necesitan frío para su conservación, no quiere decir que la temperatura pueda estar descontrolada:

- La temperatura recomendada de almacenamiento en economato no excederá los 20 °C o 22 °C.

- Tendremos un termómetro que nos mida la temperatura interior del economato situado en un lugar visible.

- En caso de que se sobrepase por cualquier motivo, el economato deberá ser climatizado

2.3.4. Condiciones de seguridad: APPCC

La aplicación del sistema de autocontrol basado en el Análisis de Peligros y Puntos de Control Críticos (APPCC) y de sus prerrequisitos de higiene y trazabilidad (PHT) establece una serie de controles que tenemos que realizar en el almacenamiento para garantizar la seguridad de los alimentos. La idea es no dejar nada al azar y anticiparnos al deterioro o contaminación de los alimentos. Sin profundizar en cada plan, los controles a realizar durante el almacenamiento son los siguientes:

- **Condiciones higiénicas de almacenamiento:** revisaremos que los alimentos estén almacenados de forma adecuada y prestaremos especial atención a la presencia de alimentos en el suelo, su correcto envasado y etiquetado, el orden de los alimentos en las cámaras, la fecha de duración máxima y su estado de frescura.

- **Control de temperaturas:** la temperatura de almacenamiento se considera un punto de control crítico que debemos controlar y supervisar a diario. Estableceremos un sistema de vigilancia mediante el cual registremos la temperatura de todas las cámaras de refrigeración y congelación entre dos y tres veces al día. En la Figura 2.34 se muestra una ficha de control diario de temperaturas.

- **Plan de limpieza:** supervisaremos la buena ejecución del programa de limpieza llevado a cabo en las instalaciones de almacenamiento de alimentos.

CONTROL DE TEMPERATURAS					
Cód. cámara	Cámara	Fecha	Hora	Responsable	Firma

Figura 2.34. Ficha de control diario de temperaturas.

- **Control de plagas:** comprobaremos el buen estado de las medidas preventivas y la existencia de indicios que nos hagan suponer que hay una plaga, como excrementos de roedores, sacos y paquetes mordidos, malos olores, etc. Revisaremos las trampas ubicadas en las inmediaciones de la zona de almacenamiento.

- **Mantenimiento preventivo:** aplicaremos de forma correcta el plan de mantenimiento preventivo de las cámaras y prestaremos especial atención a aquellos indicios que nos hagan pensar que no funcionan correctamente, como temperaturas incorrectas, ruidos extraños, etcétera.

- **Gestión de residuos:** las zonas de almacenamiento estarán libres de residuos de cualquier tipo, por lo que en el caso de producirse (mermas de alimentos, envases y embalajes, etc.) deberán llevarse al lugar adecuado.

MAPA CONCEPTUAL

Las materias primas en pastelería

- **Identificación de las materias primas**
  - Harinas
  - Grasas
  - Lácteos y derivados
  - Ovoproductos
  - Frutas
  - Chocolates y coberturas
  - Frutos secos
  - Azúcares y varios
  - Levaduras y otros aditivos

- **Análisis organoléptico**
  - Harinas
  - Grasas
  - Lácteos y derivados
  - Ovoproductos
  - Frutas
  - Chocolates y coberturas
  - Frutos secos
  - Azúcares y varios

- **Almacenamiento de materias primas**
  - Condiciones generales
  - Almacenamiento en refrigeración y congelación
  - Almacenamiento en economato
  - Condiciones APPCC

ACTIVIDADES FINALES

Marca si las siguientes afirmaciones son verdaderas o falsas:

2.1. Las harinas de trigo fuertes y débiles se diferencian entre sí por la finura de la molienda del grano.

☐ Verdadero.

☐ Falso.

2.2. La harina leudada es una harina débil que lleva incorporado un impulsor y sal.

☐ Verdadero.

☐ Falso.

2.3. La manteca de cacao se obtiene por la trituración de los granos limpios y tostados de cacao.

☐ Verdadero.

☐ Falso.

2.4. La cobertura de chocolate negro tiene un contenido en pasta superior al 45 %.

☐ Verdadero.

☐ Falso.

2.5. El isomalt tiene las mismas propiedades del azúcar, pero ni produce caries ni afecta a los niveles de glucosa en sangre.

☐ Verdadero.

☐ Falso.

2.6. La levadura fresca y la química se diferencian entre sí en que esta última lleva conservantes químicos que mejoran su conservación.

☐ Verdadero.

☐ Falso.

2.7. **La leche alterada tiene una textura diferente, pero presenta un sabor normal.**

☐ Verdadero.

☐ Falso.

2.8. **Una humedad demasiado elevada contribuye al crecimiento de microorganismos, especialmente mohos.**

☐ Verdadero.

☐ Falso.

2.9. **En el almacén, como no guardamos alimentos perecederos, no es necesario regular las condiciones de temperatura y humedad.**

☐ Verdadero.

☐ Falso.

2.10. **El mantenimiento preventivo de cámaras y demás maquinaria es un requisito de los sistemas de autocontrol basados en el APPCC.**

☐ Verdadero.

☐ Falso.

ACTIVIDADES DE COMPROBACIÓN

2.1. **Elevan el nivel de colesterol LDL en sangre, lo que contribuye a desarrollar enfermedades cardiovasculares:**

a) Grasas insaturadas.

b) Grasas poliinsaturadas.

c) Grasas saturadas.

2.2. **Es el edulcorante más antiguo conocido:**

a) Azúcar.

b) Miel.

c) Sacarosa.

2.3. **Es rica en grasa, vitaminas liposolubles y minerales como el fósforo, el hierro y el azufre:**

a) La clara.

b) La yema.

c) La albúmina.

2.4. **El azúcar refinado de caña o de remolacha se conoce como:**

a) Sacarosa.

b) Glucosa.

c) Fructosa.

2.5. **El trigo, la avena, la cebada, el centeno, el sorgo, el mijo y el kamut son cereales:**

a) Con gluten.

b) Sin gluten.

c) Mixtos.

2.6. Se trata de sales que al disolverse en un líquido desprenden gas, lo que provoca el aireado de las masas:

a) Levadura fresca o prensada.

b) Levadura seca o granulada.

c) Impulsores o levadura química.

2.7. Se trata de un edulcorante sintético fabricado a partir del azúcar como materia prima:

a) Isomalt.

b) Polialcoholes.

c) Sacarina sódica.

2.8. Los alimentos que primero entran en el economato serán los primeros en salir según la norma:

a) FEFO.

b) FIFO.

c) FOFU.

2.9. Darle prioridad a la salida de aquellos alimentos que se han terminado de cocinar primero se conoce como:

a) FIFO.

b) FEFO.

c) APPCC.

2.10. Establece los controles que tenemos que realizar en el almacenamiento para garantizar la seguridad de los alimentos:

a) Sistema APPCC.

b) Prácticas correctas de higiene.

c) Las respuestas a) y b) son correctas.

ACTIVIDADES APLICACIÓN

2.1. Localiza en formato digital, de algún proveedor mayorista, uno o varios catálogos de productos de uso común en pastelería.

2.2. Investiga acerca del índice glucémico de los diferentes azúcares y edulcorantes utilizados en pastelería. Determina qué azúcares son aptos para la elaboración de productos de pastelería para personas diabéticas.

2.3. Describe el uso de los diferentes gelificantes utilizados en pastelería, atendiendo a sus especificidades.

2.4. Encuentra al menos tres guías de prácticas correctas de higiene en pastelería. Analiza sus diferencias y similitudes.

2.5. Localiza al menos tres empresas que presten servicios de control de plagas especializados en pastelerías.

ACTIVIDADES AMPLIACIÓN

2.1. Sanikey es un distribuidor de productos de limpieza sostenibles: entra en http:// sanikey.es e investiga su servicio de coste por uso, analizando las ventajas de este sistema de distribución de productos de limpieza.

2.2. El Ministerio de Agricultura regula la producción de alimentos en España: entra en https://www.mapa.gob.es/es/ y busca información acerca de las denominaciones de origen protegidas en España.

2.3. La Agencia Española de Seguridad Alimentaria y Nutrición es el organismo encargado de promover a nivel nacional estrategias de nutrición y de informar a consumidor en hábitos de vida saludables: entra en www.aesan.gob.es/, busca la sección de noticias e investiga los últimos eventos y campañas de promoción de hábitos de vida saludables relacionados con la alimentación.

2.4. Valrhona es un fabricante y distribuidor de chocolates para pastelería: entra en https://www.valrhona.com/es y descubre la historia de esta marca centenaria de cacao. Investiga, además, el amplio catálogo de productos que ofrece y los servicios especiales a empresas del sector.

2.5. Sosa es uno de los fabricantes y distribuidores de ingredientes para pastelería líder mundial en su sector: entra en sosa.cat y haz un trabajo de investigación de los diferentes ingredientes que se pueden utilizar en un establecimiento de pastelería.

CASO PRÁCTICO

Contexto:

Eres el jefe de pastelería en una tienda especializada en productos de repostería *gourmet*. La pastelería es conocida por sus exquisitos pasteles, postres y panes artesanales. La demanda ha ido en aumento, y te enfrentas al desafío de optimizar el proceso de aprovisionamiento interno para garantizar la calidad de los productos y satisfacer la creciente demanda de los clientes.

Tu objetivo es mejorar la eficiencia en el proceso de aprovisionamiento interno, desde la selección de ingredientes hasta la producción de los productos finales. Debes garantizar la frescura de los insumos, minimizar el desperdicio de ingredientes y optimizar la gestión del inventario.

Reto:

Realiza un inventario detallado de los ingredientes y productos almacenados en la pastelería. Analiza cuáles de esos ingredientes tienen una alta rotación y cuáles permanecen almacenados en exceso.

3. Aprovisionamiento de materias primas de pastelería

Contenidos

INTRODUCCIÓN

Para producir o servir alimentos y bebidas, necesitamos *proveernos* de las materias primas adecuadas (*provisiones*) y de uno o varios *proveedores* que nos garanticen el *aprovisionamiento*.

Si dejamos de lado este juego de palabras, diremos que para servir un producto de pastelería a nuestros clientes necesitamos materias primas con las que trabajar. Pero no cualquier materia prima, sino aquellas que tengan una calidad adecuada según la elaboración que vamos a realizar y un coste que permita que nuestro negocio sea rentable.

La compra es una etapa fundamental en el aprovisionamiento, dado que la relación calidad-precio de nuestros proveedores fluctúa mucho. Esta depende de:

- Si el proveedor es especialista del producto que necesitamos.
- Si nuestro negocio está dentro de una ruta de reparto.
- De la cantidad de producto que estamos dispuestos a comprar.
- De nuestra capacidad de negociación.

La compra es una parte del aprovisionamiento, pero no la única. La recepción es un momento crítico, dado que en muy poco espacio de tiempo tenemos que decidir si el producto que nos ha llegado cumple con nuestras expectativas. Comprobaremos si:

- La calidad organoléptica y sanitaria del producto es la adecuada.
- La cantidad suministrada es la realmente pedida.
- La documentación que acompaña al pedido es la que necesitamos y está correctamente cumplimentada.

El aprovisionamiento no acaba con la recepción, puesto que los alimentos son materias orgánicas que están en constante evolución y debemos almacenarlos de forma adecuada, porque:

- Pierden propiedades organolépticas con el paso del tiempo.
- Se vuelven menos seguros para la salud.
- Si no gestionamos bien su almacenamiento, llega un momento en que no los podemos utilizar y se genera una merma que afecta a la rentabilidad.

Figura 3.1. Los alimentos se estropean con el tiempo y se vuelven menos seguros.

No debemos olvidar que en el aprovisionamiento no solo trabajamos con alimentos, también lo hacemos con:

- Proveedores, trabajadores, clientes o inspectores de Sanidad, que tenemos que saber tratar y gestionar.

- Espacios, maquinaria y utillaje, que tenemos que mantener, reparar y renovar.

- Legislación, que nos exige gestionar mucha documentación.

La clave del aprovisionamiento es saber comprar de forma planificada justo lo que necesitamos, con la mejor calidad posible, con el precio más competitivo, adaptándonos a las fluctuaciones del mercado y de nuestro negocio, minimizar las mermas de materias primas y sacar el máximo partido a los productos en la elaboración de cada producto de pastelería.

En esta unidad analizaremos las operaciones más habituales del aprovisionamiento de materias primas en pastelería, que comprenden las actividades relacionadas con la gestión de proveedores, el transporte, la recepción de materias primas y su conservación. La buena gestión de estas actividades permitirá evitar resultados defectuosos en el producto final y asegurar la calidad de nuestras elaboraciones.

Figura 3.2. La compra es clave en el aprovisionamiento de materias primas.

Es altamente recomendable digitalizar los procesos de gestión a través de *software* especializado para el sector de la pastelería, ya que esto permite numerosas ventajas, entre las que destacan:

- Ahorro de tiempos de personal en las operaciones de aprovisionamiento interno y control de insumos.

- Estandarización de los sistemas de control.

- Seguridad de la información.

- Generación de un *big data* del negocio, centralizando la información en una base de datos única y estable en el tiempo.

- Análisis rápido y eficaz de las desviaciones, promoviendo la toma de decisiones y el paso a la acción.

- Gestión remota de la información.

En los siguientes apartados analizamos los procesos sin asociarlos a un *software* determinado, entendiendo que cualquiera de las soluciones actuales del mercado permitirá adaptar su tecnología a nuestras necesidades específicas de gestión.

3.1. PROCEDIMIENTOS DE SOLICITUD Y GESTIÓN DE GÉNEROS: MÉTODOS SENCILLOS, DOCUMENTACIÓN (ALBARANES) Y APLICACIONES

Nuestro proceso de elaboración comienza en los proveedores, que son quienes nos suministran las materias primas que necesitamos. No obstante, podríamos decir que existe una fase previa de reflexión en la que debemos preguntarnos lo siguiente:

- ¿Qué productos vamos a elaborar?

- ¿Qué ingredientes necesitamos?

- ¿Qué características debemos exigir a los productos?

- ¿Qué precio estamos dispuestos a pagar por ellos?

- ¿Qué proveedores pueden satisfacer nuestras necesidades?

El punto de partida es nuestra oferta gastronómica, reflejada en los distintos productos de pastelería y repostería que ofrecemos a nuestros clientes. Cada uno se elabora en base a una receta, que en la pastelería profesional denominamos ficha técnica.

La ficha técnica consta, como mínimo, de los siguientes apartados: el nombre del producto, la foto de la presentación, la lista de ingredientes escandallados (con peso y precio), el número de raciones, el coste por ración, y los pasos de la ejecución de la elaboración. Adicionalmente puede llevar otra información que nos sea de interés: información nutricional, control de alérgenos, temperaturas de cocción o servicio, información relativa a los puntos de control crítico, etcétera.

En la Figura 3.3 se muestra un ejemplo de la ficha técnica de un producto de pastelería.

FICHA TÉCNICA DE ELABORACIÓN

RACIONES

NOMBRE DEL PRODUCTO DE PASTELERÍA

FOTO

Identificación de riesgos

A	B	C	D	E	F	G	Código	N.º

Fecha de elaboración	Tº conservación

Ingredientes

Ingredientes	Cantidad neta	Consumo preferente	Coste ingredientes
		Unidad	Coste unidad	

Subtotal coste receta

Tº de cocción	Tiempo cocción	Tº corazón	Tiempo enfriamiento	Variación de costes 10 %
				Coste receta
				Coste ración

En caso de utilizar bajo vacío

Referencia bolsa	Tiempo de vacío	Tiempo de soldadura	Tradicional
			Bajo vacío

Realización de la receta

Riesgos

1
2
3
4
7
8
9
10

Nombre de la persona que ha elaborado la receta

Firma

Figura 3.3. Ficha técnica de un producto de pastelería.

La ficha técnica sirve para determinar qué ingredientes necesitamos, pero por sí sola no basta para indicar qué características deben cumplir para adecuarse al tratamiento que le vamos a dar. Crear una ficha de especificación de producto para cada ingrediente ayuda a no dejar al azar la calidad de las materias primas que necesitamos y optimiza el resultado final de nuestra producción. Los datos que aparecen en la ficha serán los que consideremos relevantes para cada producto, pero, a modo de ejemplo, podrán contar con la siguiente información: categoría/subcategoría, producto, forma de presentación y tratamiento, tamaño de la pieza, peso por unidad, origen, temperatura de recepción y tolerancia.

En la Figura 3.4 se muestra un ejemplo de una ficha de especificación de producto.

Cuando tenemos claro qué necesitamos y de qué calidad, es el momento de elegir quién nos va a suministrar cada producto. Para cada categoría de alimentos, y en función de la ubicación de nuestro negocio, realizaremos una selección previa de posibles proveedores.

FICHA DE ESPECIFICACIÓN DE PRODUCTO			
Cód. producto	Nombre del producto	Categoría	Fecha de creación
Descripción del producto-especificaciones		Propiedades sensoriales	
Condiciones de almacenamiento y transporte		Especificaciones del envase y embalaje	
Proveedor-origen		Temperatura de recepción-tolerancia	
Listado de ingredientes-alérgenos		Composición nutricional	

Figura 3.4. Ficha de especificación de producto.

La elección de proveedores definitiva es una cuestión fundamental, ya que de ella dependen la calidad y la rentabilidad de nuestro negocio. Existen muchos factores que hay que tener en cuenta a la hora de elegir un proveedor, entre los que destacan:

- La capacidad de suministrar el producto que necesitamos según nuestra ficha de especificación de producto.

- El precio y la estabilidad del producto que el proveedor puede ofrecernos a lo largo del período de vigencia de nuestra oferta.

- La disponibilidad de género sin fluctuaciones.

- La garantía de una buena periodicidad de suministro.

- Las condiciones higiénico-sanitarias de los productos, del transporte y la documentación de estos en relación con los criterios del APPCC (Análisis de Peligros y Puntos Críticos de Control).

- La existencia de referencias previas de otros pasteleros que hayan trabajado con ese proveedor.

Una vez evaluados los proveedores en función de estos y otros criterios, y de haber descartado aquellos que no cumplen con los requisitos mínimos, es el momento de solicitar una oferta real en relación a un pedido concreto.

En la Figura 3.5 se muestra un ejemplo de una ficha de solicitud de oferta.

SOLICITUD DE OFERTA					
DATOS DEL PROVEEDOR			**DATOS DEL CLIENTE**		
Nombre			Nombre		
Dirección			Dirección		
Población			Población		
C.P. (Provincia)			C.P. (Provincia)		
CIF-NIF			CIF-NIF		
Teléfono			Teléfono		
Descripción	Unidades	Precio	% DTO.	Precio DTO.	Total
				Total bruto	
				IVA (%)	
				Total	
Fecha de oferta					
Validez					
Forma de pago					

Figura 3.5. Ficha de solicitud de oferta.

Tras analizar la oferta de los proveedores, hacemos la selección definitiva de los mismos. Es importante crear una ficha control para cada proveedor con los siguientes datos:

- Datos legales.

- Datos de contacto.

- Autorizaciones sanitarias del proveedor.

- Aprobación del proveedor.

- Control de incidencias.

En la Figura 3.6 se muestra un ejemplo de una ficha de control de proveedores.

FICHA CONTROL DE PROVEEDORES				
Nombre				
Domicilio				
Teléfono				
Persona de contacto				
Correo electrónico				
Fecha de alta			**Fecha de baja**	
Grupo de productos				
Reg. sanitario 1			**Reg. sanitario 3**	
Reg. sanitario 2			**Reg. sanitario 4**	
Observaciones				
Aprobado del departamento			**Aprobado de dirección**	
CONTROL DE INCIDENCIAS				
Fecha	**Incidencia**	**Solución aportada**	**Fecha**	**Firma**

Figura 3.6. Ficha de control de proveedores.

Disponer de una ficha con el listado de proveedores nos permite conocer de un golpe de vista todos los proveedores con los que trabajamos. Podemos incorporar los datos de contacto de cada proveedor o, además, siguiendo con los criterios del APPCC, las autorizaciones sanitarias de cada uno de ellos.

En la Figura 3.7 se muestra un ejemplo de una ficha del listado de proveedores.

LISTADO DE PROVEEDORES					
Cód. proveedor	Proveedor	Categoría suministrada	N.º registro sanitario	Fecha de alta	Fecha de baja

Figura 3.7. Ficha del listado de proveedores.

La forma más habitual es realizar el pedido directamente al proveedor por teléfono, por correo electrónico o a través de plataformas *online*, y que los proveedores nos suministren los productos directamente en nuestro local. Lo ideal es hacerlo por escrito, ya que de esta manera tenemos constancia demostrable de nuestro pedido por si necesitamos realizar alguna reclamación.

Tanto si realizamos el pedido por teléfono como si lo hacemos por escrito, es necesario partir de una ficha de solicitud de pedido escrita con la información necesaria para especificar lo que necesitamos, su calidad y sus especificaciones técnicas.

En la Figura 3.8 se muestra un ejemplo de una ficha de solicitud de pedido.

Cuando el proveedor realiza el reparto del pedido, junto con este, nos facilita un **albarán de entrega.** El albarán podrá incluir la siguiente información:

- **Datos del proveedor:** nombre o razón social, dirección, CIF, datos de contacto, inscripción en el registro mercantil, etcétera.

- **Datos del cliente:** nombre o razón social, dirección, CIF, datos de contacto.

- **Datos de identificación del producto:** código, denominación, descripción de sus especificaciones (origen, tratamiento, presentación, etcétera).

- **Datos de seguridad del producto:** lote (o cualquier otro registro de trazabilidad), fecha de duración máxima (consumo preferente o caducidad), marcas de salubridad, etcétera.

- **Datos económicos:** cantidad, precio unitario, precio final, IVA e importe total.

- **Otros datos:** los referidos a las condiciones de venta (validez de las reclamaciones, forma de pago, etcétera).

En la Figura 3.9 se muestra un ejemplo de albarán de entrega.

SOLICITUD DE PEDIDO				
DATOS DEL PROVEEDOR		**DATOS DEL CLIENTE**		
Nombre		Nombre		
Dirección		Dirección		
Población		Población		
C.P. (Provincia)		C.P. (Provincia)		
CIF-NIF		CIF-NIF		
Teléfono		Teléfono		
Código	Descripción	Cantidad	Precio	Total
			Total bruto	
Fecha de pedido		IVA (%)		
			Total	
Observaciones				

Figura 3.8. Ficha de solicitud de pedido.

ALBARÁN						
DATOS DEL PROVEEDOR		**DATOS DEL CLIENTE**				
Nombre		Nombre				
Dirección		Dirección				
Población		Población				
C.P. (Provincia)		C.P. (Provincia)				
CIF-NIF		CIF-NIF				
Teléfono		Teléfono				
Denominación	Descripción (dato de seguridad)	Unidades	Precio	% DTO.	Precio DTO.	Total
			Total bruto			
			IVA (%)			
			Total			
Fecha de entrega						
Validez reclamaciones						
Forma de pago						

Figura 3.9. Albarán de entrega.

3.2. CONTROL DE CALIDAD (ESTADO DE FRESCOR Y CARACTERÍSTICAS ORGANOLÉPTICAS)

La recepción es un momento crucial, ya que es aquí donde vamos a garantizar que los alimentos con los que vamos a trabajar cumplen con los requisitos de calidad que necesitamos en nuestro establecimiento. Aunque las condiciones ya están pactadas con los proveedores, la experiencia nos dice que estos no siempre nos traen el género que les hemos pedido en las condiciones adecuadas. Algunos de los motivos pueden ser:

- Mala gestión de *stock*.

- Despistes del preparador de pedidos.

- Malas condiciones de transporte.

- Despistes del transportista en la entrega de mercancía.

Figura 3.10. La recepción de materias primas es esencial en el aseguramiento de su calidad.

Por estos y otros motivos, se hace fundamental que realicemos un control exhaustivo de las materias primas en la recepción, para lo cual tenemos que dedicar el tiempo y la atención adecuados.

La comprobación de la calidad de las materias primas la realizaremos en tres pasos:

- **Identificación del producto:** comprobaremos que las materias primas entregadas coincidan con los criterios de nuestra ficha de especificación del producto. Rechazaremos aquellos alimentos que no cumplan las especificaciones acordadas.

- **Comprobación del grado de frescura:** revisaremos el grado de frescura de las materias primas en relación a sus propiedades organolépticas. Rechazaremos aquellos alimentos que presenten un grado de frescura inadecuado.

- **Revisión de la fecha de caducidad/consumo preferente:** comprobaremos que las fechas de duración máxima de los alimentos recibidos son apropiadas en función del tiempo de almacenamiento previsto. Rechazaremos aquellos alimentos que tengan una fecha de vencimiento demasiado corta.

Puesto que el control de recepción es un proceso metódico, necesitamos una herramienta que nos ayude a realizarlo de forma eficaz. La ficha de control de recepción (*véase* la Figura 3.11) es un documento que nos permite comprobar todos los parámetros que definen la calidad de los alimentos a su entrega.

FICHA CONTROL DE RECEPCIÓN					
Fecha					
Encargado recepción					
Proveedor					
Condiciones transporte					
Estado embalajes					
Especificación alimento					
Tª recepción					
Grado de frescura					
Fecha durabilidad					
Cantidad					
Rev. albarán					
Medida correctora					

Figura 3.11. Ficha de control de recepción.

3.3. TRANSPORTES UTILIZADOS (ISOTERMOS, FRIGORÍFICOS, CONGELADORES)

El transporte es una etapa crítica que influye en la calidad y la seguridad de las materias primas.

Para no dejar al azar las condiciones de transporte, en 1970 se aprobó en Ginebra un «Acuerdo sobre Transporte Internacional de Mercancías Perecederas» (ATP) que establece las normas para el transporte óptimo de alimentos perecederos. España se adhirió a este acuerdo en el año 1972 y desde su entrada en vigor, en 1976, también es la norma de referencia que regula el transporte nacional de alimentos perecederos.

El acuerdo ATP se centra en dos aspectos clave:

- Las condiciones de transporte.
- La gestión de la cadena de frío.

Las condiciones generales de transporte hacen referencia a cómo debe ser el habitáculo donde se trasladan los alimentos y qué incompatibilidades existen:

• Los habitáculos donde se transporten alimentos serán de materiales lisos, impermeables, de fácil limpieza y resistentes a golpes.

• Los alimentos no podrán transportarse en el mismo habitáculo con sustancias tóxicas o contaminantes, especialmente productos de limpieza y desinfección.

• Los alimentos de distintas categorías estarán separados de forma adecuada para prevenir la contaminación cruzada en el interior del vehículo, cuando sea necesario, en compartimentos separados.

Figura 3.12. El acuerdo ATP regula las condiciones internacionales de transporte de alimentos perecederos.

Se entiende por cadena de frío cuando un alimento perecedero que necesita frío para su correcta conservación mantiene la temperatura adecuada a lo largo de todas las etapas de la cadena alimentaria. Si en algún momento un alimento congelado se descongela o un alimento refrigerado pasa a estar a temperatura ambiente de forma descontrolada, decimos que se ha roto la cadena de frío y que ya no es seguro.

El motivo por el que tenemos que preservar la cadena de frío es que, cada vez que se rompe, los microorganismos presentes en el alimento se activan y aceleran su velocidad de crecimiento. Cuando el alimento recupera su temperatura inicial, tiene una carga microbiana mayor y aumenta el riesgo de contaminación.

En la Figura 3.13 se puede observar una gráfica en la que se muestra la cadena de frío en relación con el número de microorganismos presentes en el alimento y el tiempo:

- La cadena «A» muestra un alimento que ha mantenido la temperatura correcta en todo momento. Partíamos de un alimento no estéril, con pocos microorganismos, que no han crecido con el paso del tiempo. El alimento se ha mantenido seguro.

- La cadena «B» muestra un alimento al que se le ha roto la cadena de frío al menos tres veces. Con cada rotura, los microorganismos han ido creciendo poco a poco hasta dar como resultado un alimento inseguro.

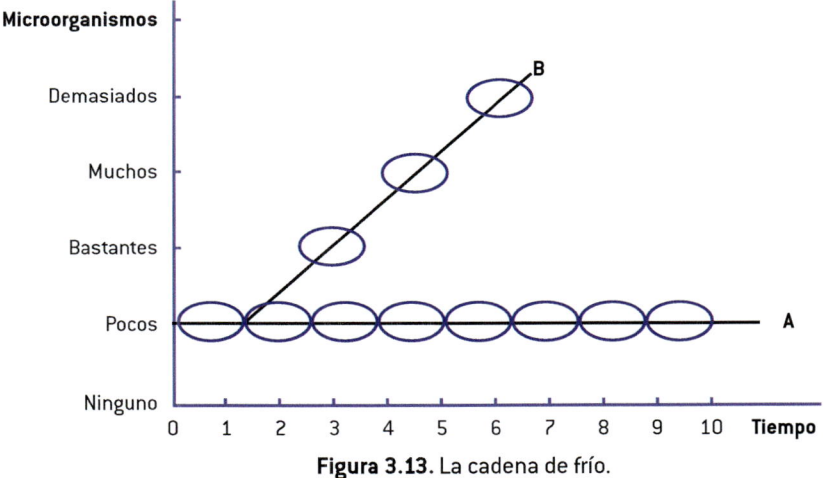

Figura 3.13. La cadena de frío.

De todas las etapas la más crítica para el mantenimiento de la cadena de frío es la del transporte. Es el momento de más inestabilidad de temperaturas, ya que normalmente la carga y descarga de la mercancía se producen a temperatura ambiente. Además, es fundamental la elección de un buen medio de transporte en función de las características del alimento y el tiempo estimado de entrega. Los vehículos más utilizados por los proveedores son:

- **Vehículo isotermo:** es un vehículo cuyo habitáculo de carga está fabricado con material aislante, de forma que disminuye la velocidad de transferencia de calor del exterior al interior del vehículo.

- **Vehículo frigorífico-congelador:** fabricado con las mismas características que un vehículo isotermo, incorpora además un sistema de producc ón de frío que permite mantener la temperatura interior del habitáculo de carga entre −20 ° C y 12 ° C.

Figura 3.14. Los vehículos frigoríficos mantienen la cadena de frío.

Según el acuerdo ATP, los vehículos utilizados en el transporte de alimentos perecederos pasarán una serie de controles tras los cuales recibirán un certificado ATP. Los vehículos tienen la obligación de llevar en un lugar visible una placa de identificación y unas pegatinas en los laterales y en la parte superior más próxima a la cabina con las siglas identificativas y la fecha de expiración de la autorización (en azul marino), y todo ello sobre fondo blanco.

Para el transporte de pequeñas cantidades de mercancías o productos terminados, existen arcones isotermos de distintas formas y tamaños con los que podemos mantener de forma adecuada la cadena de frío.

Figura 3.15. Los arcones isotermos permiten transportar alimentos en condiciones de seguridad.

3.4. ACONDICIONAMIENTO DEL PRODUCTO (CAJAS COMPARTIMENTADAS, BOLSAS Y EMBALAJES)

En el transporte de las materias primas, estas no se colocarán en el vehículo de cualquier forma, sino que se organizarán de forma adecuada con un sistema de embalaje que las proteja de cualquier contaminación o deterioro.

Diferenciamos tres tipos de envases, en relación al contacto que estos tienen con el producto:

- **Envases primarios:** son los que están en contacto directo con los alimentos, conteniéndolos (tetra briks©, paquetes de cartón o papel, cajas de distintos materiales, latas, tarros de vidrio, botellas, bidones, bandejas, bolsas de plástico, etcétera).

- **Envases secundarios:** son los que contienen uno o más envases primarios (cajas de plástico, madera o cartón; bolsas).

- **Envases terciarios:** sirven para unificar los productos en bloques más fácilmente transportables y mejorar su distribución: (paquetes o packs envueltos en film transparente, pallets filmados, etcétera).

Figura 3.16. Los envases primarios son los que están en contacto directo con el alimento.

En el mercado existen muchos tipos de envases y además es un sector que está en constante evolución. Intentar clasificarlos es una tarea complicada, por lo que vamos a definir las características de los envases utilizados en el transporte de alimentos:

- Las **cajas para el transporte de alimentos** serán preferiblemente de plástico, lavables y resistentes a altas temperaturas. Es importante que se puedan apilar sin que se muevan durante el transporte y evitar que se introduzcan unas dentro de otras. Existen cajas compartimentadas para la separación estricta de alimentos incompatibles, con lo que evitaremos la contaminación cruzada.

Figura 3.17. Las cajas para el transporte de alimentos se podrán apilar, pero no introducir unas dentro de otras.

- Tradicionalmente, para el transporte de alimentos en polvo o granulados (como harinas, cacao o azúcar) se han utilizado **sacos y paquetes de papel.** Tienen la ventaja de aislar perfectamente el alimento, al protegerlo de la humedad; son resistentes a golpes y permiten una cierta transpiración.

- Transportar los alimentos en **bolsas selladas** es una buena forma de separar las distintas categorías entre sí sin posibilidad de contaminación cruzada. No obstante, hay que tener en cuenta la naturaleza del producto para saber si es posible un **envasado al vacío,** si se dará una buena **conservación con aire** o si, por el contrario es necesario el **envasado en una atmósfera modificada.** Como las bolsas no suponen una protección física, normalmente se combinan con la utilización de cajas.

Todos los envases y embalajes utilizados para contener o proteger alimentos serán aptos para uso alimentario.

3.5. CONTROL DEL BUEN ESTADO DE LOS EMBALAJES EN SU RECEPCIÓN (ROTURAS O DESPERFECTOS)

Nos aseguraremos de que el estado de envases y embalajes es el adecuado, y prestaremos especial atención a los síntomas de que se haya roto la cadena de frío.

Rechazaremos cualquier tipo de alimento cuyo envase esté mojado, deformado, roto, abollado, abombado, oxidado o presente cualquier otra alteración.

Rechazaremos a su vez aquellos alimentos transportados en recipientes inadecuados (alimentos refrigerados en cajas de cartón, por ejemplo).

Figura 3.18. Revisaremos el estado de envases y embalajes.

3.6. GRADO DE TEMPERATURA EN EL TRANSPORTE DEL PRODUCTO (FRÍO POSITIVO O NEGATIVO)

A la llegada del proveedor, revisaremos las condiciones generales de transporte y prestaremos especial atención al tipo de vehículo utilizado y su temperatura. Mediremos la temperatura de las paredes del habitáculo con un termómetro digital de infrarrojos y la registraremos en la ficha de control de recepción. Si las condiciones de transporte no son las adecuadas, rechazaremos la entrega sin fijarnos si quiera en las condiciones de las materias primas.

Puesto que no todos los alimentos tienen las mismas características, la temperatura de transporte adecuada es distinta para cada categoría. En la Tabla 3.1 se muestran las temperaturas de transporte adecuadas para alimentos perecederos.

Comprobaremos la temperatura exterior de los alimentos con un termómetro digital de infrarrojos y la anotaremos. Rechazaremos aquellos que superen las temperaturas de transporte adecuadas.

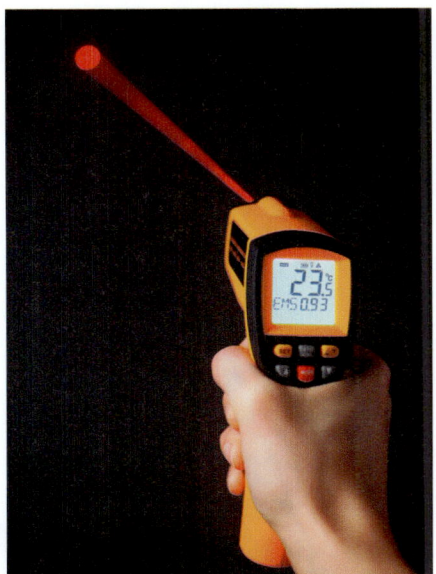

Figura 3.19. Un termómetro digital de infrarrojos nos facilita la medida de la temperatura.

Tabla 3.1. Temperaturas adecuadas de transporte de alimentos perecederos

ALIMENTO	TEMPERATURA
Cualquier otro producto congelado y ultracongelado.	−18 °C
Pescados frescos.	1 °C a 2 °C
Carnes y fiambres.	1 °C a 4 °C
Productos lácteos (yogur, kéfir, crema, nata y queso fresco).	4 °C
Productos terminados refrigerados.	4 °C
Frutas.	5 °C a 8 °C

3.7. CONTROL DE PESO Y PEDIDO (SEGÚN SOLICITUD Y REFLEJO DE ALBARÁN)

Es importante controlar que las cantidades de las materias primas que hemos solicitado coinciden con las entregadas realmente por el proveedor. No se trata de desconfiar de su buena fe, sino de comprobar sin ningún margen de error que disponemos de los alimentos que necesitamos para nuestra actividad diaria. Si se da el caso, rechazaremos aquellos productos que nos trae el proveedor y que realmente no hemos pedido.

Una vez revisadas las materias primas, es necesario comprobar la documentación que las acompañan. Comprobaremos que las cantidades que vienen reflejadas en el albarán de entrega que nos facilita el proveedor son las realmente

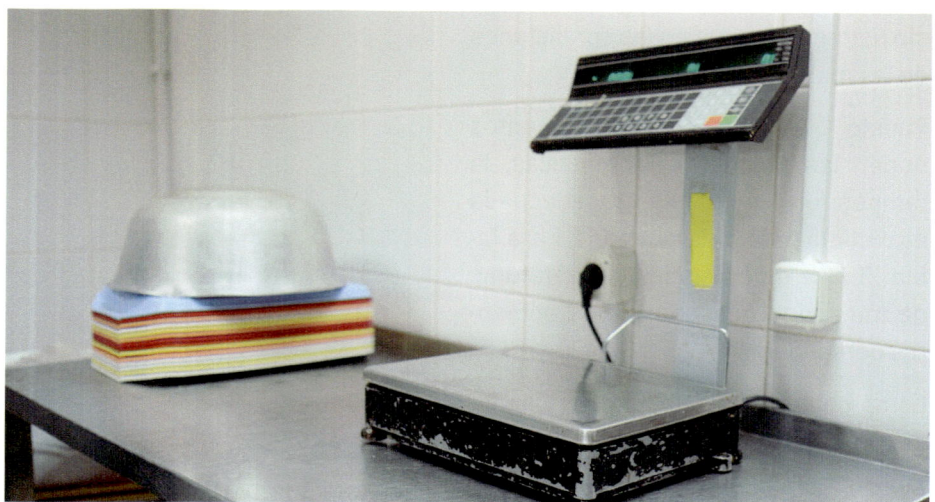

Figura 3.20. Comprobaremos que la cantidad de productos recibida coincide con la solicitada.

entregadas. En caso de estar equivocado, solicitaremos una rectificación del albarán antes de firmarlo.

Como seguiremos necesitando las materias primas que hemos rechazado o que no han llegado, deberemos reclamar a los proveedores las incidencias detectadas. Documentaremos las incidencias con los proveedores en una ficha individualizada y resaltaremos las incidencias detectadas, la fecha y la solución aportada por el proveedor.

Figura 3.21. El último paso de la recepción es revisar que la factura es correcta

El último paso es comprobar que el precio pactado para cada producto se corresponde con el realmente facturado. Solicitamos una revisión de los posibles errores en la factura antes de proceder a su abono.

3.8. NECESIDADES BÁSICAS DE REGENERACIÓN Y CONSERVACIÓN, SEGÚN LA NATURALEZA DEL PRODUCTO O MATERIA PRIMA

Es importante conocer las propiedades de los alimentos en relación a sus necesidades de conservación para que consigamos preservarlos al 100 % en todo momento.

3.8.1. Harinas

Las harinas tienen una proporción de agua muy baja, lo que las convierte en alimentos poco perecederos. Es importante conservarlas en lugares secos, ya que en caso contrario pueden enmohecerse y apelmazarse. Además, las harinas son alimentos nutritivos, lo que los convierte en atractivos para insectos y roedores.

3.8.2. Grasas

Se trata de alimentos no perecederos, que podemos conservar durante largo tiempo a temperatura ambiente. Los aceites y grasas deben tener un brillo, color y aroma característicos. El principal problema de conservación es que se enrancian con gran facilidad, por lo que es importante protegerlas del aire, la luz y las altas temperaturas.

3.8.3. Lácteos y derivados

Debido a su calidad nutricional, la leche es un alimento altamente perecedero. Normalmente se conserva esterilizada, lo que aumenta su durabilidad considerablemente, pero una vez abierta es necesario guardarla en refrigeración. Los derivados lácteos con un alto contenido en agua, como yogures o quesos frescos, también necesitan frío para su conservación. Los quesos se conservan mejor ya que tienen un menor contenido en agua, pero se enrancian con facilidad debido a su alta concentración en materia grasa.

Figura 3.22. Los yogures y postres lácteos frescos
han de conservarse en cámaras frigoríficas.

3.8.4. Ovoproductos

Los huevos se consideran un alimento de riesgo por su estrecha relación en la transmisión de la salmonela. A pesar de esto, bien conservados tienen una durabilidad elevada, de hasta cuatro semanas después de la fecha de puesta. No obstante, para garantizar su seguridad tendremos en cuenta conservarlos a temperatura controlada, preferiblemente de refrigeración. Los ovoproductos se conservarán refrigerados y una vez abiertos se desecharán superado el tiempo de vida útil marcado en la etiqueta.

Figura 3.23. Los huevos viejos flotan por la entrada de aire en el interior.

3.8.5. Frutas

Las frutas son apreciadas por sus vivos colores y sus aromas que van cambiando según su estado de maduración. Un almacenamiento en lugares frescos y secos ralentiza la maduración de las frutas. La temperatura ideal de conservación de las frutas es de entre 5 °C y 8 °C. Temperaturas más bajas pueden producir los llamados daños por frío e inactivar aromas, y temperaturas más altas aceleran la maduración y reducen su durabilidad. En el almacenamiento tendremos en cuenta que ciertas frutas climatéricas (como la manzana) desprenden gran cantidad de gas etileno, lo que acelera la maduración de otras frutas también climatéricas como el kiwi.

3.8.6. Chocolates y coberturas

Los chocolates y coberturas son alimentos que, sin ser perecederos, sufren mucho con unas condiciones de conservación inadecuadas. Por este motivo es importante mantenerlos a una temperatura de entre 15 °C y 18 °C, y en un ambiente seco.

Puesto que los chocolates y coberturas son alimentos grasos, pueden enranciarse con facilidad o absorber malos olores. En este sentido, es importante envasarlos adecuadamente para preservarlos del aire y de otros alimentos.

3.8.7. Frutos secos

Los frutos secos tienen la ventaja de conservarse bien por su bajo contenido en agua, pero se enrancian con facilidad por su alto contenido graso. Es importante mantenerlos en lugares secos, protegidos de la luz y el aire.

3.8.8. Azúcares y varios

Se consideran alimentos no perecederos debido a que tienen un contenido en agua muy bajo. Por este motivo, los azúcares son muy higroscópicos (absorben la humedad ambiental) y se apelmazan, por lo que es importante conservarlos en lugares secos. Por su parte, la miel tiende a cristalizarse a temperaturas inferiores a 25 °C. Recupera su estado líquido con el calor y conserva íntegramente sus propiedades nutricionales, pero pierde propiedades aromáticas.

Figura 3.24. La miel tiende a cristalizarse a temperaturas inferiores a 25 ° C.

MAPA CONCEPTUAL

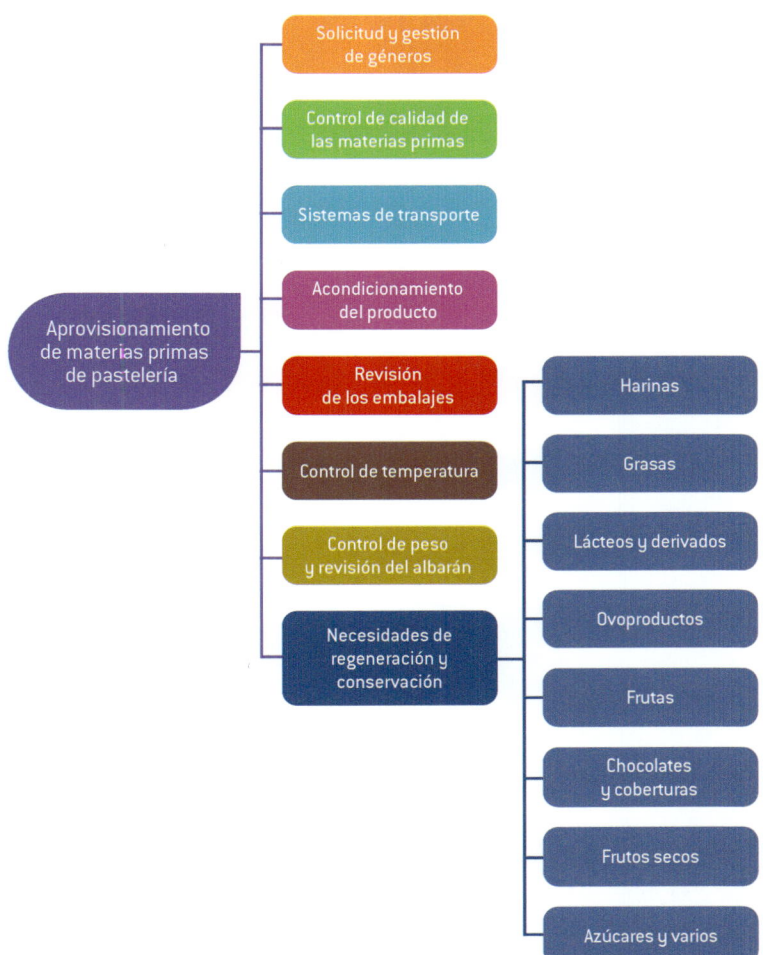

ACTIVIDADES FINALES

Marca si las siguientes afirmaciones son verdaderas o falsas:

3.1. **La ficha técnica del plato es el documento que especifica las características del producto que necesitamos pedir.**

☐ Verdadero.

☐ Falso.

3.2. **Para la elección de proveedores tendremos en cuenta, entre otros, los siguientes criterios: el precio, la capacidad de suministrar el producto que necesitamos y las condiciones higiénicas de transporte.**

☐ Verdadero.

☐ Falso.

3.3. **No es necesario registrar por escrito las incidencias de los proveedores, ya que es fácil recordar cuándo nos han servido mal un producto.**

☐ Verdadero.

☐ Falso.

3.4. **Haremos la solicitud de pedido preferiblemente por escrito para que, en caso de discrepancias con el proveedor, podamos verificar cuál fue nuestro pedido exacto.**

☐ Verdadero.

☐ Falso.

3.5. **El acuerdo de transporte de perecederos (ATP) regula las condiciones de transporte de alimentos perecederos a nivel nacional e internacional.**

☐ Verdadero.

☐ Falso.

3.6. **Rechazaremos siempre aquellos alimentos cuyos envases estén rotos, abollados o presenten cualquier otro tipo de deterioro.**

☐ Verdadero.

☐ Falso.

3.7. Cuando se rompe la cadena de frío de un alimento, este deja de ser seguro debido al crecimiento de microorganismos presentes en él.

☐ Verdadero.

☐ Falso.

3.8. No debemos fiarnos de los proveedores: siempre comprobaremos que la cantidad entregada se corresponde con la realmente pedida.

☐ Verdadero.

☐ Falso.

3.9. Guardaremos los chocolates y coberturas a temperatura de refrigeración (de 1 °C a 4 °C) para evitar que se derritan por el calor.

☐ Verdadero.

☐ Falso.

3.10. La miel cristalizada puede estar alterada y es mejor no consumirla en ningún caso.

☐ Verdadero.

☐ Falso.

ACTIVIDADES DE COMPROBACIÓN

3.1. Para la selección y control de proveedores tendremos en cuenta:

a) Exclusivamente el precio de su oferta.

b) Los productos que vamos a elaborar, los ingredientes que necesitamos, la calidad de las materias primas y el precio que estamos dispuestos a pagar.

c) La recomendación de otros profesionales, aunque su negocio sea distinto al nuestro.

3.2. Sirve para determinar qué ingredientes necesitamos:

a) La ficha técnica de elaboración.

b) La ficha de especificación de producto.

c) La ficha de control de proveedores.

3.3. Sirve para determinar la calidad de las materias primas que necesitamos:

a) La ficha técnica de un plato.

b) La ficha de especificación de producto.

c) La ficha de control de proveedores.

3.4. Permite controlar la calidad de los proveedores y descartar aquellos que no cumplen los requisitos mínimos de calidad:

a) La ficha técnica de un plato.

b) La ficha de especificación de producto.

c) La ficha de control de proveedores.

3.5. El transporte de productos perecederos debe realizarse:

a) Siempre en vehículo refrigerado.

b) Con armario isotermo.

c) Con armario isotermo o vehículo refrigerado en función de la distancia y el tiempo de transporte.

3.6. Son los que están en contacto directo con los alimentos, conteniéndolos:

a) Envases primarios.

b) Envases secundarios.

c) Envases terciarios.

3.7. Sirven para unificar los productos en bloques más fácilmente transportables:

a) Envases primarios.

b) Envases secundarios.

c) Envases terciarios.

3.8. Sin ser perecederos, sufren mucho con unas condiciones de conservación inadecuadas:

a) Ovoproductos.

b) Frutas.

c) Chocolates y coberturas.

3.9. Se consideran alimentos no perecederos, debido a que tienen un contenido de agua muy bajo:

a) Frutas.

b) Azúcares.

c) Ovoproductos.

3.10. Es importante mantenerlos a una temperatura de entre 15 y 18 ºC, y en un ambiente seco:

a) Frutas.

b) Chocolates y coberturas.

c) Lácteos y derivados.

ACTIVIDADES APLICACIÓN

3.1. Localiza al menos a cinco distribuidores mayoristas de productos de alimentación especializados en pastelería.

3.2. Haz un estudio de costes de distintos medios de transporte isotermo/refrigerado que podrías utilizar en un negocio de restauración propio.

3.3. Encuentra al menos a dos distribuidores de envases y embalajes aptos para la presentación y venta de productos de pastelería. Evalúa su coste.

3.4. Haz un listado de utillaje y maquinaria necesarios para la recepción de las materias primas. Evalúa su coste.

3.5. Investiga sobre los tiempos máximos de conservación de los diferentes productos utilizados en pastelería.

ACTIVIDADES AMPLIACIÓN

3.1. Makro es uno de los mayores distribuidores mayoristas de hostelería: en su página web, https://www.makro.es, puedes encontrar una amplia variedad de utillaje, maquinaria y productos de pastelería. Analiza los formatos y precios en relación a los mismos productos que utilizarías en el ámbito doméstico.

3.2. Diexpa es un proveedor de hostelería especializado en pastelería: entra en http://www.diexpa.es e investiga sus catálogos de productos. Reflexiona si para un negocio de pastelería podrías tener a Diexpa como proveedor único o necesitarías otros distintos.

3.3. Existen numerosos distribuidores locales de pastelería capaces de suministrarnos la mayoría de productos que necesitamos: entra en https://www.dulmcnt.com/empresa/, estudia su oferta y compárala con Diexpa, el proveedor que analizaste en el punto anterior.

3.4. Coinpol es un fabricante de vehículos isotermos: entra en https://isotermos.coinpol.com y observa, en su galería, los distintos tipos de modelos de vehículos que fabrica.

3.5. Huhtamaki es una empresa especializada en *packaging*: entra en https://www.huhtamaki.com/es/foodservice-spain/ y haz una selección de elementos de *packaging* que podrías utilizar en una pastelería tradicional.

CASO PRÁCTICO

Contexto:

Eres el jefe de pastelería en una tienda especializada en productos de repostería *gourmet*. La pastelería es conocida por sus exquisitos pasteles, postres y panes artesanales. La demanda ha ido en aumento, y te enfrentas al desafío de optimizar el proceso de aprovisionamiento interno para garantizar la calidad de los productos y satisfacer la creciente demanda de los clientes.

Tu objetivo es mejorar la eficiencia en el proceso de aprovisionamiento interno, desde la selección de ingredientes hasta la producción de los productos finales. Debes garantizar la frescura de los insumos, minimizar el desperdicio de ingredientes y optimizar la gestión del inventario.

Reto:

Dibuja el proceso de aprovisionamiento externo de tu pastelería, definiendo tareas y asignándolas al personal de tu restaurante definido en el reto de la unidad 1.